AF194896

Britta Kummer

Kummers Schlemmerkochbuch
-
das etwas andere Kochbuch!

Welch Vergnügen,
einen guten Appetit zu haben,
wenn man gewiß ist,
ein vortreffliches Mahl zu bekommen.
Jean Anthelme Brillat-Savarin (1755 - 1826)

Ein großes Dankeschön geht an

Judith Beck-Meyer für ihre schönen Illustrationen.

Autor Frank Schmidt, weil er uns mit auf die Reise nach Koriander nimmt.

Meine Eltern für ihre kreative Inspiration.

Kummers Schlemmerkochbuch
-
das etwas andere Kochbuch!

© 2021 ... ummer
... ge

Satz: Britta Kummer
Covergestaltung: Britta Kummer
Webseite: http://brittasbuecher.jimdofree.com
E-Mail: info.britta-kummer@t-online.de

Foto © privat
Illustrationen Judith Beck-Meyer
www. http://www.beck-art.de

ISBN: 978-3-7534-4391-1

© 2021 Herstellung und Verlag:
BoD – Books on Demand,
Norderstedt
www.bod.de

INHALTSVERZEICHNIS REZEPTE

Dieses Kochbuch hat keine Fotos zu den einzelnen Gerichten.
Ebenso gibt es keine Nährwertangaben, da diese auf fast allen Lebensmitteln angegeben sind.

Vegetarische Rezepte

Köstlichkeiten für davor und danach

Pikanter Grünkernsalat

<u>Zutaten für 3 Personen:</u>
- 100 g Grünkern
- 1 Zwiebel
- 1 Apfel
- 1 Birne
- 1 kleine Dose Ananasstücke
- 50 g Emmentaler
- 1 TL Essig
- 1 EL saure Sahne
- 1 TL Gemüsebrühe (Instant)
- 1 EL Sonnenblumenöl
- 1 EL Sojasoße
- 1 Msp. Ingwerpulver
- 1 - 2 Prisen Salz

<u>Zubereitung:</u>
Grünkern einige Stunden in Wasser einweichen. Dann abschütten und mit frischem Wasser aufkochen, Gemüsebrühe zugeben, ca. 30 - 40 Minuten köcheln und danach abkühlen lassen.

Zwiebel schälen und fein hacken. Apfel und Birne waschen, Kerngehäuse entfernen und in kleine Würfel schneiden. Ananas in einem Sieb abtropfen lassen. Emmentaler in kleine Würfel schneiden.

Aus Essig, saure Sahne, Sonnenblumenöl, Sojasoße, Salz und Ingwerpulver eine Soße herstellen.

Apfel, Birne, Ananas, Zwiebel und Käse unter die abgekühlte Körnermasse geben. Grünkernsalat mit der Salatsoße vermischen und ca. 1 Stunde durchziehen lassen.

Fruchtiger Eisberg

Zutaten für 3 Personen:

- 1 kleiner Eisbergsalat
- 2 Pampelmusen
- 2 Orangen
- 2 Kiwis
- 50 g gehackte Walnüsse
- 30 g Zucker
- 2 EL Zitronensaft
- 2 EL Essig
- 2 EL Olivenöl
- 1 - 2 Prisen Salz
- 2 - 3 Prisen Pfeffer

Zubereitung:

Den Strunk des Eisbergsalates herausschneiden, die Blätter entfernen, waschen und in mundgerechte Stücke schneiden. Pampelmusen und Orangen schälen und filetieren. Kiwis schälen und in Würfel schneiden.

Aus Zucker, Zitronensaft, Essig und Olivenöl eine Marinade herstellen. Mit Salz und Pfeffer abschmecken.

Eisbergsalat und Obst in eine Schüssel geben und die Marinade unterheben. Kurz durchziehen lassen.

Salat auf Teller anrichten und mit gehackten Walnüssen garniert servieren.

Nektarinensalat

Zutaten für 3 Personen:

- ½ Lollo Rosso
- 1 Römersalat
- 1 Radicchio
- 1 kleine Salatgurke
- 1 gelbe Paprika
- 1 rote Zwiebel
- 3 Nektarinen
- 1 TL Sesamsamen
- ½ TL mittelscharfer Senf
- 2 EL Balsamicoessig
- ½ TL Zucker
- 3 EL Olivenöl
- 1 - 2 Prisen Salz
- 2 - 3 Pfeffer

Zubereitung:

Lollo Rosso, Römersalat und Radicchio waschen und in mundgerechte Stücke zupfen. Salatgurke schälen, die Kerne entfernen und in Scheiben schneiden. Paprika schälen, Kerngehäuse entfernen und in Streifen schneiden. Zwiebel schälen und in dünne Ringe schneiden. Nektarinen waschen, halbieren, Kerne entfernen und das Fruchtfleisch in Würfel schneiden.

Sesamsamen, Senf, Zucker, Balsamicoessig und Olivenöl verrühren. Mit Salz und Pfeffer würzen. Dann mit den restlichen Zutaten gut vermischen.

Salatgerede

Der Kühlschrank ächzt,
das Gemüse schreit,
wir sind für euch bereit.
Da ruft frech der Salat,
nehmt mich zuerst,
bin schon fertig und zart,
so wie es euer Gaumen mag.

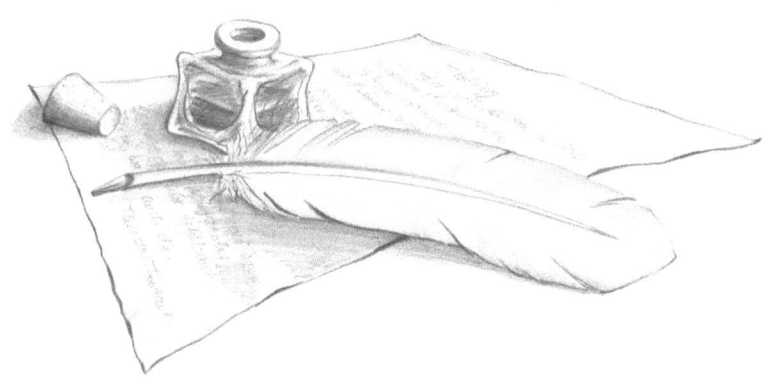

Linsensuppe mit Pfiff

Zutaten für 3 Personen:

- 2 Tassen braune Linsen
- 4 Kartoffeln
- 1 Stange Lauch
- ¼ Sellerie
- 2 Möhren
- 2 Zwiebeln
- 1 Knoblauchzehe
- 1 rote Chilischote
- 1 grüne Chilischote
- 1 großer Apfel
- 8 Backpflaumen
- ¼ Bund frischer Koriander
- 10 g frischer Ingwer
- 1 Glas Rotwein
- 1 TL scharfer Senf
- 1 TL Essig
- 400 ml Gemüsebrühe
- 2 - 3 EL Olivenöl
- 1 - 2 Prisen Salz
- 2 - 3 Prisen Pfeffer

Zubereitung:

Linsen waschen und ca. 1 Stunde in Wasser einweichen.

Kartoffeln schälen, waschen und in Würfel schneiden. Sellerie, Möhren, Zwiebeln, Knoblauchzehe und Ingwer schälen und in kleine Würfel schneiden. Lauch waschen, putzen und in dünne Ringe schneiden. Chilischoten waschen, längs aufschneiden, entkernen und in sehr kleine Würfel schneiden. Apfel schälen, Kerngehäuse entfernen und in kleine Würfel schneiden. Backpflaumen vierteln. Koriander waschen und fein hacken.

Olivenöl in einem Topf erhitzen. Zwiebeln, Knoblauch und Ingwer darin andünsten. Dann Kartoffeln, Möhren, Sellerie, Lauch, Linsen (mit dem

Einweichwasser) und Gemüsebrühe zugeben. Alles mit Deckel ca. 30 Minuten auf kleiner Flamme köcheln lassen.

Chili, Apfel, Backpflaumen und Rotwein zufügen und nochmals 5 Minuten köcheln lassen. Mit Salz, Pfeffer, Essig und Senf würzen. Den klein gehackten Koriander über die Suppe streuen und servieren.

»Widme dich der Liebe und dem Kochen mit ganzem Herzen.«
(Dalei Lama)

Nach Koriander ...

»Liebe geht durch den Magen«, so sagt der Volksmund, doch ob sich die Wege von Herzensdingen und Speisen danach trennten, darüber schwieg des Sängers Höflichkeit. Ich hatte auch keine Zeit, mir weiter tiefschürfende Gedanken zu machen, wie lang die gemeinsame Wegstrecke von Amor und Lukullus im menschlichen Körper nun bemessen war, denn das Gericht, das ich in einer halben Stunde bei Kerzenschein und romantischer Musik auf den Tisch bringen wollte, drohte doch ziemlich in die Hose zu gehen.

»Quinoa-Risotto« stand über dem Rezept. Das las sich für mich eher nach der Paarung zweier peruanischer Fußballmannschaften denn nach etwas, dessen man sich mit Messer und Gabel näherte.

Aber was sollte ich machen? Jessy war Vegetarierin, eine Spezies Mensch, deren Speisegewohnheiten mir persönlich so fremd waren wie Mutter Teresa ein Besuch bei den »California Dream Men«. Deshalb hatte ich mich des kleinen Rezeptbüchleins von Britta Kummer erinnert, das sie gemeinsam mit einer Freundin geschrieben und mir vor Monaten bei einem Besuch in der Redaktion mit einem Lächeln und den Worten »vielleicht kochst du ja doch mal etwas daraus« überlassen hatte. Auf Seite 76 war ich hängen geblieben: »Quinoa-Risotto«.

Ich hätte unter normalen Umständen schon Mühe gehabt, derartig viele verschiedene Gemüsesorten aus dem Stegreif aufzuzählen - hier sollten sie, als Bestandteil eines einzigen Rezeptes, in einem Topf zu einer die Liebe beflügelnden Mahlzeit vereint werden: Zucchini, Aubergine, Paprika, Lauch, Zwiebel, Knoblauchzehe, Chilischote, Tomate, Mais, dazu verschiedenste Gewürze bis hin zum Koriander, Gemüsebrühe, Schafskäse und Olivenöl. Und dazu dieses geheimnisvolle Quinoa, eine Art Getreideersatz, das ich nach einer Odyssee durch diverse Supermärkte, Discounter und Vollsortimenter in einer Nebenstraße in einem kleinen Geschäft gefunden hatte, welches südamerikanische Spezialitäten feilbot. Mit Peru als Herkunftsland hatte ich gar nicht so falsch gelegen.

Die Präsentation meiner außergewöhnlichen Kochkünste sollte für Jessy eine Überraschung sein. Eigentlich hatte ich ihr Pizza zum gemütlichen Kennenlernabend versprochen, die Nummer 24 mit vier verschiedenen

Käsesorten von Luigi, meinem Stammitaliener aus dem »Piccolo Pelle«. Und zur Not stand der ja als Libero noch immer Gewehr bei Fuß, keine 100 Meter von meiner Wohnung entfernt, falls die Sache mit dem Quinoa-Risotto auf meinem Herd in einem Debakel enden sollte.

Ich schaute noch einmal auf Luigis Speisekarte nach den Öffnungszeiten: Dienstag bis Donnerstag 17 - 23 Uhr; Freitag und Samstag 17 - 01 Uhr, Sonntag 11 - 22 Uhr. Luigi wünscht »Bon appetito«. Und etwas abgesetzt darunter: Montag Ruhetag. Und was hatten wir heute? Montag!

Diese taufrische Information trug nicht eben zu meiner Entspannung bei, und so schnippelte ich mich in noch eifrigerem Tempo durch die kunterbunte Gemüsefamilie. Dabei ertrug ich kleinere Unfälle mannhaft, dämmte den Blutfluss am Daumen, den ich wohl für ein Stück Zucchini gehalten hatte, so gut es ging, und schnitt unter Tränen die Zwiebel, deren Ausdünstungen nach meinem Dafürhalten ein Fall für die Genfer Konvention gewesen wäre. Gleiches galt für eine meiner überzähligen roten Chilischoten, in die ich aus purer Neugier - »wie schmeckt das wohl?« - beherzt hineingebissen hatte.

Schließlich war es fertig, mein Quinoa-Risotto, und ebenso fertig war ich. Ich hatte gerade noch Zeit, mir die Hände zu waschen, als es an der Tür schellte - zum Abschmecken war ich gar nicht gekommen.

»Hallo Jessy!«

»Hallo Frank!«

»Was hast du denn da mitgebracht?«

»Tjaaaa - das errätst du im Leben nicht …

Als du gesagt hast, dass du uns heute was von deinem Italiener holen willst, habe ich mir im Internet mal die Speisekarte angesehen und dabei entdeckt, dass das Piccolo Pelle heute geschlossen hat. Da hab ich uns stattdessen selbst was gekocht, damit wir heute keinen Kohldampf schieben müssen. Etwas Ausgefallenes, da kommst du im Leben nicht drauf - oder kennst du etwa »Quinoa-Risotto?« Ist superlecker, aber auch 'ne Menge Arbeit …«

»Ach was«, sagte ich, »komm 'mal mit in die Küche …«

Nachdem wir uns einige Minuten vor Lachen kaum hatten halten können, entkorkte ich den Wein. Wir aßen. Wir tranken. Und zwischendurch schauten wir immer wieder grinsend auf unsere beiden Töpfe.

Als ich im Morgengrauen kurz erwachte, kuschelte sie sich ein weniger tiefer in meinen Arm. Sie duftete nach Zwiebeln, Knoblauch und Koriander. Ich konnte mich nicht satt daran riechen ...

© **Frank Schmidt**

Erbseneintopf

Zutaten für 3 Personen:

- 2 Tassen gelbe Erbsen
- 200 g Möhren
- 1 Zwiebel
- 1 Stange Lauch
- 1 rote Chilischote
- 100 ml Weißwein
- 400 ml Gemüsebrühe
- 2 - 3 EL Olivenöl
- 1 EL flüssiger Honig
- 2 Spritzer Sambal Oelek
- 1 Msp. Kardamon
- 1 Msp. Ingwer
- 1 Msp. Kurkuma
- 1 Msp. Koriander
- 1 - 2 Prisen Salz
- 2 - 3 Prisen Pfeffer

Zubereitung:

Möhren schälen und in feine Stifte schneiden. Zwiebel schälen und in Würfel schneiden. Lauch waschen, putzen und in Ringe schneiden. Chilischote waschen, längs aufschneiden, entkernen und in kleine Würfel schneiden.

Olivenöl in einem Topf erhitzen. Möhren, Zwiebel, Lauch, Chili und Gewürze zufügen. Zusammen andünsten und darauf achten, dass die Gewürze nicht anbrennen. Sobald die Zwiebelwürfel glasig sind, die Erbsen zufügen, kurz anbraten und mit Weißwein ablöschen. Gemüsebrühe und Sambal Oelek zugeben und aufkochen lassen. Honig unterrühren und so lange kochen lassen, bis die Erbsen weich sind. Darauf achten, dass genug Flüssigkeit im Topf ist, damit die Erbsen nicht anbrennen.

Polentaschnitten

Zutaten für 3 Personen:

- 150 g Polenta
- 40 g Parmesan
- 40 g Fetakäse
- 250 ml Milch
- 250 ml Wasser
- 4 EL Butter

Zubereitung:

Wasser und Milch in einem Topf zum Kochen bringen. Polenta unter ständigem Rühren einstreuen und aufkochen lassen.

Parmesankäse reiben und Fetakäse zerbröckeln. Beides unter die Polentamasse heben. Topf vom Herd nehmen und die Polenta ca. 5 Minuten quellen lassen.

Eine kleine Kastenform kalt ausspülen, die Polenta einfüllen und ca. 30 Minuten kalt stellen. Dann aus der Form stürzen und in Scheiben schneiden.

Butter in einer Pfanne erhitzen und die Polentascheiben von beiden Seiten goldbraun anbraten.

»Ein gutes Essen ist Balsam für die Seele.«
(Sprichwort aus Tadschikistan)

Käse-Soufflé

Zutaten für 3 Personen:
- 75 g Möhren
- 75 g Zucchini
- 40 g Camembert
- 40 g Emmentaler
- 3 Eier
- 1 EL Speisestärke
- 2 - 3 EL Butter
- 2 - 3 EL Semmelbrösel
- 1 - 2 Prisen Salz
- 2 - 3 Prisen Pfeffer

Zubereitung:

Möhren schälen und fein reiben. Zucchini waschen und ebenfalls fein reiben. Gemüse mit den Händen zerdrücken, um den Saft zu entfernen. Camembert von der Rinde befreien und in Würfel schneiden. Emmentaler reiben. Eier trennen.

Feuerfest Souffléförmchen mit Butter auspinseln und mit Semmelbrösel ausstreuen.

Eigelb, Gemüse, Käse und Speisestärke verrühren. Mit Salz und Pfeffer würzen. Eiweiß steif schlagen und vorsichtig unter die Gemüse-Eigelb-Mischung heben.

Masse in die Förmchen geben, so dass sie nur zu ¾ gefüllt sind. Im vorgeheizten Backofen bei 200 Grad ca. 25 Minuten backen. Das Soufflé sofort servieren, damit es nicht zusammenfällt.

Süßkartoffelkugeln

Zutaten für 3 Personen:

- 600 g Süßkartoffeln
- 100 g geraspelte Kokosnuss
- 1 EL brauner Zucker
- ca. 300 g Frittierfett

Zubereitung:

Süßkartoffeln schälen, gar kochen, abgießen und abkühlen lassen. Dann mit einer Gabel zerdrücken und mit der Hälfte der geraspelten Kokosnuss und dem braunen Zucker vermischen. Die Mischung gut verkneten und zu Kugeln formen. Dann durch die restlichen Kokosraspeln rollen.

Frittierfett in einem hohen Topf erhitzen und die Kartoffelkugeln darin goldbraun backen.

»An deinem Herd bist du genauso ein König
wie jeder Monarch auf seinem Thron.«
(Miguel de Cervantes Saavedra)

Herzhafte Terrine

Zutaten für 3 Personen:

- 2 - 3 altbackene Brötchen
- 1 vegetarische Fleischwust
- ½ Bund frische Petersilie
- 100 g Appenzeller
- 3 Eier
- 125 ml Milch
- 2 - 3 EL Butter
- 2 - 3 EL Semmelbrösel
- 1 - 2 Prisen Muskat
- ½ TL Paprikapulver (scharf)
- 1 - 2 Prisen Salz
- 2 - 3 Prisen Cayennepfeffer
- Kastenform

Zubereitung:

Brötchen in kleine Würfel schneiden und in eine Schüssel geben. Eier trennen. Milch erwärmen, mit den Eigelben verquirlen und mit Muskat, Paprikapulver, Salz, und Cayennepfeffer würzen. Alles über die Brötchen gießen und ca. 30 Minuten quellen lassen.

Fleischwurst in Würfel schneiden. Petersilie waschen und fein hacken. Appenzeller reiben. Eiweiß steif schlagen.

Fleischwurst, Petersilie und Käse zu der Brötchenmasse geben und gut miteinander vermengen. Eiweiß vorsichtig unterheben.

Kastenform mit Butter auspinseln und mit Semmelbrösel ausstreuen. Masse einfüllen. Die Form in die Saftpfanne des Backofens stellen, zwei fingerbreit heißes Wasser angießen und die Terrine im vorgeheizten Backofen bei 200 Grad ca. 45 - 50 Minuten backen. Vor dem Stürzen kurz ruhen lassen.

Kräuterbohnen

Zutaten für 3 Personen:

- 400 g frische grüne Bohnen
- 2 Zwiebeln
- 2 Knoblauchzehen
- ½ Bund frische Petersilie
- 1 kleine Dose stückige Tomaten
- 2 EL Olivenöl
- 1 Lorbeerblatt
- 1 TL Oregano
- 1 TL Basilikum
- 1 - 2 Prisen Salz
- 2 - 3 Prisen Pfeffer

Zubereitung:

Bohnen putzen, an den Enden abschneiden und waschen. Zwiebeln und Knoblauchzehen schälen und fein hacken. Petersilie waschen und fein hacken.

Olivenöl in einem Topf erhitzen. Bohnen, Zwiebeln und Knoblauch zufügen. Mit Salz und Pfeffer würzen. Oregano, Basilikum, Lorbeerblatt und Tomaten mit Flüssigkeit zufügen und aufkochen lassen. Bohnen zugedeckt bei schwacher Hitze ca. 15 Minuten köcheln lassen. Ca. 5 Minuten vor Ende der Garzeit die Petersilie unterheben und nochmals abschmecken. Vor dem Servieren das Lorbeerblatt entfernen.

Stallgemecker

Aufruhr im Stall!
Es kräht der Hahn,
es gackert das Huhn,
es muht die Kuh,
es grunzt das Schwein,
warum seid ihr manchmal zu uns so gemein?
Ihr habt uns zwar zum Essen gern,
aber es geht auch ohne uns,
das ist für einen guten Koch keine Kunst.
Denn auch wir wollen leben,
euch anders erfreuen,
also lasst uns am Leben,
ihr werdet es bestimmt nicht bereuen.

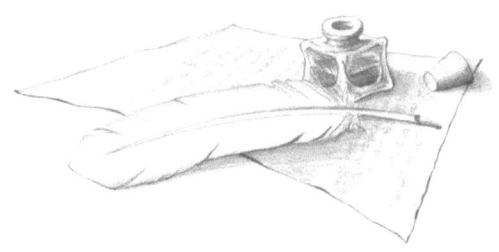

Bunte Gemüsepfanne

Zutaten für 3 Personen:

- 100 g weiße Champignons
- 100 g braune Champignons
- 100 g Salatgurke
- 1 rote Paprika
- 3 Stangen Staudensellerie
- ½ Bund frische Petersilie
- 150 g Fetakäse
- 2 EL Schmand
- 200 ml Gemüsebrühe
- 2 - 3 EL Olivenöl
- 1 TL Sojasoße
- 1 - 2 Prisen Salz
- 2 - 3 Prisen Pfeffer

Zubereitung:

Champignons putzen und in Scheiben schneiden. Salatgurke schälen, Kerne entfernen und in Scheiben schneiden. Paprika schälen, Kerngehäuse entfernen und in Würfel schneiden. Staudensellerie waschen, putzen und in Spalten schneiden. Petersilie waschen und fein hacken. Fetakäse zerbröckeln.

Olivenöl in einer Pfanne erhitzen. Gemüse zufügen und andünsten. Mit Gemüsebrühe ablöschen, aufkochen und ca. 15 - 20 Minuten schmoren lassen. Schmand unterheben und mit Sojasoße, Salz und Pfeffer würzen. Fetakäse zufügen und leicht zergehen lassen. Vor dem Servieren mit Petersilie bestreuen.

Lauch-Auflauf

Zutaten für 3 Personen:

- 4 Kartoffeln
- 2 Stangen Lauch
- 1 vegetarische Fleischwurst
- 200 g Bergkäse
- 4 Eier
- 100 ml Milch
- 50 ml Gemüsebrühe
- 2 - 3 EL Olivenöl
- 1 - 2 Prisen Salz
- 2 - 3 Prisen Pfeffer
- Fett für die Form

Zubereitung:

Kartoffeln kochen, pellen, abkühlen lassen und in grobe Würfel schneiden. Lauch waschen, putzen und in Ringe schneiden. Fleischwurst in Würfel schneiden. Bergkäse reiben.

Olivenöl in einer Pfanne erhitzen. Lauch und Fleischwurstwürfel zufügen und kurz anbraten.

Milch, Gemüsebrühe und Eier verrühren. Mit Salz und Pfeffer würzen.

Kartoffeln, Lauch und Fleischwurstwürfel in eine gefettete Auflaufform geben. Mit dem Milch-Ei-Gemisch übergießen. Den Bergkäse darüber streuen und im vorgeheizten Backofen bei 200 Grad so lange überbacken, bis das Ei gestockt und die Käsekruste goldbraun ist.

Blätterteig-Nuss-Tasche

Zutaten für 3 Personen:
- 3 Lagen TK-Fertigblätterteig
- 250 g vegetarisches Gehacktes
- 2 Zwiebeln
- ¼ Bund frische Petersilie
- 2 Eier
- 1 Eigelb
- 2 - 3 EL Butter
- 150 g frisches Graubrot
- 150 g frisches Weißbrot
- 100 g gehackte Haselnüsse
- 100 g gehackte Walnüsse
- 2 EL Zitronensaft
- ½ abgeriebene Schale einer unbehandelten Zitrone
- 1 Prise frisch geriebenen Muskat
- 1 Prise gemahlene Nelken
- 1 Prise Zimt
- ½ TL getrockneter Thymian
- ½ TL Majoran
- 1 - 2 Prisen Salz
- 2 - 3 Prisen Pfeffer

Zubereitung:

Blätterteig auftauen und zu einem 20 x 30 cm großem Rechteck ausrollen.

Zwiebeln schälen und fein hacken. Petersilie waschen und fein hacken. Rinde vom Brot entfernen, dann das Brot zerkrümeln.

Butter in einer Pfanne erhitzen. Zwiebeln und Gehacktes zufügen, mit Salz und Pfeffer würzen und gut anbraten. Pfanne vom Herd nehmen und die Masse erkalten lassen.

Hack-Zwiebelmasse, Petersilie, gehackte Nüsse, Brotkrumen, Eier und Zitronensaft in eine Schüssel geben und alles gut vermengen, bis eine weiche, gebundene Masse entsteht. Mit Thymian, Majoran, Muskat, Nelken, Zimt, Zitronenschale, Salz und Pfeffer würzen.

Hack-Nussmischung gleichmäßig auf die Teigplatte verteilen, ringsherum einen etwa 1,5 cm breiten Rand lassen und diesen mit etwas Eigelb bestreichen. Die Teigränder der schmalen Seite über die Füllung schlagen und den Teig von einer Längenseite her fest aufrollen. Die Teigtasche mit dem restlichen Eigelb bestreichen und ein oder zwei Dampflöcher einstechen. Im vorgeheizten Backofen bei 200 Grad ca. 30 Minuten backen.

»Man soll dem Leib etwas Gutes bieten,
damit die Seele Lust hat,
darin zu wohnen.«
(Winston Churchill)

Rote-Bete-Auflauf

Zutaten für 3 Personen:

- 350 g Kartoffeln
- 350 g rote Bete
- 2 Zwiebeln
- ½ Bund frische Petersilie
- 100 g Emmentaler
- 1 Ei
- 2 EL Milch
- 250 g saure Sahne
- 1 TL Kreuzkümmel
- 2 - 3 Prisen Salz
- 2 - 3 Prisen Pfeffer
- Fett für die Form

Zubereitung:

Kartoffeln und Rote Bete getrennt voneinander garen, etwas abkühlen lassen, schälen und in Scheiben schneiden. Zwiebeln schälen und in Ringe schneiden. Petersilie waschen und fein hacken. Emmentaler reiben.

Kartoffeln, rote Bete und Zwiebeln lagenweise in eine gefettete Auflaufform schichten. Jede Lage mit Salz und Pfeffer würzen.

Milch, saure Sahne, Ei und Petersilie vermengen und mit Kreuzkümmel würzen. Dann über das Gemüse geben, mit Emmentaler bestreuen und im vorgeheizten Backofen bei 200 Grad ca. 30 Minuten überbacken.

Chili

Zutaten für 3 Personen:
- 2 Tassen rote Linsen
- 1 gelbe Paprika
- 100 g grüne Bohnen
- 1 rote Zwiebel
- 1 rote Chilischote
- 1 kleine Dose Kidneybohnen
- 1 kleine Dose Mais
- 2 EL Mandelmus
- 3 EL Creme fraiche
- 250 ml Gemüsebrühe
- 2 - 3 EL Olivenöl
- 1 TL Paprikapulver (scharf)
- 1 - 2 Prisen Salz
- 1 - 2 Prisen Chilipulver

Zubereitung:
Linsen und ¾ der Gemüsebrühe in einen Topf geben und ca. 15 Minuten köcheln lassen.

Paprika schälen, Kerngehäuse entfernen und in Streifen schneiden. Bohnen waschen, putzen und in Stücke schneiden. Zwiebel schälen und in feine Ringe schneiden. Chilischote waschen, längs aufschneiden, entkernen und in sehr kleine Würfel schneiden. Kidneybohnen und Mais in einem Sieb abtropfen lassen.

Olivenöl in einem Topf erhitzen. Paprika, Bohnen, Zwiebel und Chili zufügen und anbraten. Kidneybohnen und Mais zufügen, mit der restlichen Gemüsebrühe ablöschen, aufkochen und garen. Linsen zufügen. Mit Paprikapulver, Salz und Chilipulver abschmecken. Mandelmus und Creme fraiche unterheben und noch etwas einköcheln lassen.

Gemüse in Kokos-Curry

Zutaten für 3 Personen:
- 200 g Möhren
- 1 gelbe Paprika
- 1 Stange Lauch
- 100 g Zuckerschoten
- 1 Zwiebel
- 1 Knoblauchzehe
- 1 kleine Mango
- 1 kleine Dose Kichererbsen
- 200 ml Kokosmilch (Dose)
- 1 - 2 TL Mehl
- 100 ml Gemüsebrühe
- 2 - 3 EL Olivenöl
- 2 - 3 TL Currypulver
- 2 - 3 Prisen Salz
- 2 - 3 Prisen Pfeffer

Zubereitung:

Möhren schälen und in feine Scheiben schneiden. Paprika schälen, Kerngehäuse entfernen und in Streifen schneiden. Lauch putzen, waschen und in Ringe schneiden. Zuckerschoten waschen. Zwiebel und Knoblauchzehe schälen und fein hacken. Mango schälen, das Fruchtfleisch vom Kern entfernen und dann in kleine Stücke schneiden. Kichererbsen in einem Sieb abtropfen lassen.

Olivenöl in einer Pfanne erhitzen. Zwiebel und Knoblauch mit Currypulver und Mehl anschwitzen. Mit Kokosmilch und Gemüsebrühe ablöschen. Restliches Gemüse und Kichererbsen zufügen, aufkochen und ca. 15 Minuten bei mittlerer Hitze köcheln lassen. Kurz vor Ende der Garzeit die Mangostücke unterheben. Nochmals mit Currypulver, Salz und Pfeffer abschmecken.

Möhrengeschichte

Wie jedes Jahr baute Oma Inge Möhren in ihrem Garten an und freute sich schon beim Anbau darauf, was sie alles Leckeres daraus zaubern könnte. Sie lebte alleine in ihrem Haus abseits vieler Menschen. Es gab nur Felder, Wiesen und Wälder umher. Sie hatte keine Familie mehr und fühlte sich manchmal etwas einsam. Trotzdem blieb sie in ihrem kleinen Häuschen, da dort immer noch der Geist ihrer Familie vorhanden war. Deshalb hielt sie auch an der alten Familientradition fest. Ihre Familie liebte Möhren. Schon früher bauten alle gemeinsam dieses leckere Gemüse an und so hatte sie in Gedanken ihre Lieben immer bei sich.

Als das erste Grün über der Erde zu sehen war, ging sie täglich hinaus und redete ihren Pflänzchen gut zu. Als sie dann endlich die ersten kleinen Ausbuchtungen sah, konnte sie ihr Glück kaum fassen und war völlig aus dem Häuschen.

Zum Schluss ihres allabendlichen Gartenrundgangs schaute sie immer noch nach ihren Möhrchen und redete mit ihnen. »Ach, wie schön ihr seid, morgen werdet ihr geerntet.«

Am nächsten Morgen wollte die Hobbygärtnerin ihr Vorhaben in die Tat umsetzen. Als sie zum Beet kam, traute sie ihren Augen nicht. Irgendjemand hatte in ihrem Möhrenbeet gewildert.

»Was ist denn mit euch passiert«, richtete sie die Frage an ihr Gemüse, auch wenn sie natürlich genau wusste, keine Antwort darauf zu bekommen.

Dann sah sie Fußabdrücke und wusste sofort, wer der Übeltäter war. »Na warte, dich kriege ich. Du klaust mir meine leckeren Möhren nicht mehr. Dafür werde ich sorgen.« Schnell wurden die restlichen Rüben geerntet und in Sicherheit gebracht.

Kurz vor der Dämmerung legte sich die rüstige Rentnerin auf die Lauer. Sie musste nicht lange warten, bis sich der vermeintliche Dieb näherte. Zielstrebig steuert er das Beet an, aber es war nichts mehr da. Instinktiv schaute er zum Haus hinüber und verschwand dann.

Als Oma Inge ihm vor dem Verschwinden direkt in die Augen schaute, bekam sie Mitleid. »Ach je, jetzt bekommst du durch mich nichts zu futtern.« Das schlechte Gewissen machte sich in ihrem Kopf breit. Auch wenn sie sich erst sehr darüber geärgert hatte, dass ihre Möhren geklaut wurden, konnte sie die Enttäuschung des putzigen Kerlchens deutlich sehen. Schließlich konnte keiner etwas dafür, dass sie dieses Gemüse so liebten.

Also fasste sich die ambitionierte Hobbygärtnerin ein Herz und steckte am nächsten Nachmittag notdürftig wieder drei Möhren in die Erde. Sie hoffte stark, dass der gestrige Besucher noch einmal vorbeikäme. Zurück im Haus schaute sie gespannt aus dem Fenster und tatsächlich, der Möhrendieb kam zurück. Vorsichtig bewegte er sich auf das Beet zu und machte sich gleich über seine Beute her.

Oma Inge verhielt sich mucksmäuschenstill und beobachtete, wie das Langohr sich genüsslich über die Möhren hermachte. Nun war endgültig aller Ärger verflogen, denn sie konnte von diesem herrlichen Schauspiel nicht genug bekommen. Nachdem dann alles verputzt war, verschwand der Gast wieder in Windeseile.

Die Rentnerin schaute auf die Möhren, die immer noch auf dem Küchentisch lagen und streichelte sie sanft. »So ihr Lieben, wie es aussieht, muss ich euch wohl teilen. Anscheinend gibt es hier jetzt noch jemanden, der eine Schwäche für euch hat. Na ja was soll´s. Entweder man weiß, was lecker und gesund ist, oder nicht.«

Und so kam es, dass die alte Dame täglich ein paar Möhren nach draußen brachte und sie mit ihrer neuen, hoppelnden Bekanntschaft zu teilen. Schließlich waren genug da.

Immer wieder erfreute sie sich daran, wenn der vierbeinige Besucher kam und sich über die roten Rüben hermachte. Und so machten genau diese Möhren Mensch und Tier im Handumdrehen glücklich.

Im nächsten Jahr baute Oma Inge noch mehr Möhren an. In der Hoffnung, dass ihr tierischer Besucher auch in diesem Jahr wiederkommen würde. Und zu ihrer großen Freude kam er zurück. So konnte sie sich weiterhin an seinem Anblick erfreuen und fühlte sich dabei nicht mehr so einsam. Sie hatte jetzt eine Aufgabe und dank ihrer Möhrenvorliebe sogar einen neuen Freund gefunden.

Schnittlauchrisotto

Zutaten für 3 Personen:
- 300 g Risottoreis
- 1 Bund frischer Schnittlauch
- 1 gelbe Paprika
- 3 rote Tomaten
- 150 g Parmesan
- 400 ml Weißwein
- 400 ml Gemüsebrühe
- 2 - 3 EL Olivenöl
- 1 - 2 Prisen Salz
- 2 - 3 Prisen Pfeffer

Zubereitung:
Schnittlauch waschen und in feine Ringe schneiden. Paprika schälen, Kerngehäuse entfernen und in Würfel schneiden. Tomaten waschen, in Stücke schneiden und Kerne entfernen. Parmesan reiben.

Gemüsebrühe erwärmen. Olivenöl in einem Topf erhitzen, Reis zufügen und unter Rühren 2 - 3 Minuten anschwitzen. Mit Weißwein ablöschen. Dann die Hälfte der warmen Gemüsebrühe zufügen und bei kleiner Hitze garen. Paprika und Parmesan unterheben. Mit Salz und Pfeffer würzen.

Unter Rühren nach und nach die Gemüsebrühe zugießen und weiter einkochen lassen, bis der Reis die Flüssigkeit aufgesogen hat. Schnittlauch und Tomaten unterheben. Eventuell noch etwas Wasser zufügen, damit das Risotto richtig cremig wird.

Kürbisrisotto

Zutaten für 3 Personen:
- 300 g Risottoreis
- 200 g Kürbis (Hokkaido)
- 1 grüne Paprika
- 1 Zwiebel
- 1 Knoblauchzehe
- 1 rote Chilischote
- 1 Stängel Zitronengras
- 10 g frischer Ingwer
- 1 EL Minze
- 1 TL Kokosraspel
- 200 ml Kokosmilch (Dose)
- 200 ml Weißwein
- 400 ml Gemüsebrühe
- 2 - 3 EL Olivenöl
- 1 - 2 Currypulver
- 1 - 2 Prisen Salz
- 2 - 3 Prisen Pfeffer

Zubereitung:
Kürbis waschen, halbieren, Kerne entfernen und in Würfel schneiden. Paprika schälen, Kerngehäuse entfernen und in Streifen schneiden. Zwiebel und Knoblauchzehe schälen und fein hacken. Chilischote waschen, längs aufschneiden, entkernen und in kleine Würfel schneiden. Zitronengras waschen und in feine Streifen schneiden. Ingwer schälen und in kleine Würfel schneiden. Minze waschen und fein hacken.

Gemüsebrühe erwärmen. Olivenöl in einem Topf erhitzen, Reis zufügen und unter Rühren ca. 2 - 3 Minuten anschwitzen. Kürbis, Paprika, Zwiebel, Knoblauch, Chili, Zitronengras und Ingwer zufügen. Mit Currypulver bestäuben. Dann mit Weißwein ablöschen. Dann die Hälfte der warmen Gemüsebrühe zufügen und bei kleiner Hitze garen.

Unter Rühren nach und nach die Gemüsebrühe zugießen und weiter einkochen lassen, bis der Reis den größten Teil der Flüssigkeit aufgesogen hat. Minze und Kokosmilch zufügen und weiter einkochen lassen, bis das Risotto cremig ist. Mit Salz und Pfeffer würzen und Kokosraspeln garniert servieren.

»Essen ist ein Bejdürfnis,
genießen eine Kunst.«
(François de la Rochefoucauld)

Es darf geschmunzelt werden

»Herr Ober, was können Sie mir empfehlen?«
»Flambierte Bohnensuppe, flambiertes Schnitzel, flambiertes Eis.«
»Warum empfehlen Sie denn alles flambiert?«
»Die Küche brennt!«

»Können Sie kochen, Else?«
»Jawohl gnädige Frau, auf beiderlei Art!«
»Was heißt beiderlei Art?«
»Je nachdem, ob die Gäste wiederkommen sollen, oder nicht!«

Ein Gast ist empört über seine Speise und beschwert sich.
»Herr Ober, der Hirschbraten ist aber sehr hart!«
Ober: »Das tut mir leid.
Da werden Sie wohl ein Stück vom Geweih erwischt haben!«

Paul zu seinem Freund: »Wie siehst du denn aus?
Du musst dringend mal was für deinen Körper tun!«
Freund: »Stimmt. Ich werde gleich mal was essen.«

Gast: »Ich warte schon seit zwei Stunden auf mein Fünf-Minuten-Steak.«
Ober: »Seien Sie froh, dass Sie nicht die Tagessuppe bestellt haben.«

Kohlenhydratarme Rezepte

Von irgendetwas muss man ja leben

Lauwarmer Steckrübensalat

Zutaten für 3 Personen:
- 400 g Steckrüben
- 1 Zwiebel
- ½ Bund frische Petersilie
- 100 g roher Schinken
- 2 - 3 Spritzer Apfelessig
- 100 ml Gemüsebrühe
- 2 EL Olivenöl
- 1 - 2 Prisen Muskat
- 2 - 3 Prisen Pfeffer

Zubereitung:
Steckrüben schälen und in mundgerechte Stücke schneiden. Zwiebel schälen und in kleine Würfel schneiden. Petersilie waschen und fein hacken. Schinken fein würfeln.

Steckrüben und Gemüsebrühe in einen Topf geben, erhitzen und garen.

Olivenöl in einer Pfanne erhitzen. Schinken und Zwiebel zufügen und anbraten.

Steckrüben, Schinken und Zwiebel in eine Schüssel geben und gut miteinander vermischen. Mit Apfelessig, Olivenöl, Muskat und Pfeffer würzen und Petersilie garniert servieren.

Camembert-Champignon-Rührei

Zutaten für 3 Personen:
- 200 g weiße Champignons
- 200 g braune Champignons
- 1 Zwiebel
- 150 g Camembert
- 6 Eier
- 150 ml Milch
- 1 - 2 EL Mineralwasser
- 2 - 3 EL Olivenöl
- ½ TL Paprikapulver (süß)
- 1 - 2 Prisen Salz
- 2 - 3 Prisen schwarzer Pfeffer

Zubereitung:
Champignons putzen und in dünne Scheiben schneiden. Zwiebel schälen und in kleine Würfel schneiden. Camembert von der Rinde befreien und in Würfel schneiden.

Olivenöl in einer Pfanne erhitzen. Champignons und Zwiebel darin anbraten.

In der Zwischenzeit Eier, Milch und Mineralwasser verrühren und mit Paprikapulver, Salz und Pfeffer abschmecken.

Eiermischung über die Champignons geben und gut verrühren. Wenn das Ei gestockt hat den Herd ausschalten. Camembert über das Rührei geben und mit Deckel auf der Pfanne etwas schmelzen lassen.

Gaumenschmaus

Gemüse, Nudeln oder Fisch,
all dies passt gut auf den Essenstisch.
Ist die Küche dann endlich in leckeren Duft gehüllt,
weiß jeder,
dass sich bald der Magen füllt.
Mit viel Genuss wird dann gespeist,
kein Krümel bleibt mehr über,
und Oma wie auch Opa erinnern sich,
diesen Gaumenschmaus kennen wir von früher.
Lange Rede, kurzer Sinn,
gutes Essen ist ein Genuss,
welchen man sich regelmäßig gönnen muss.

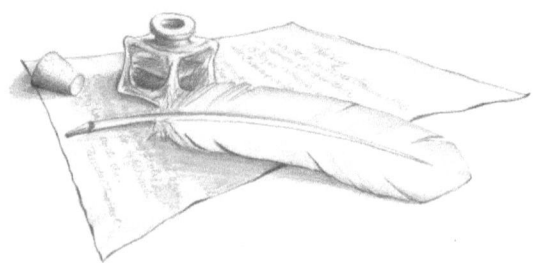

Rinderfilet an Gemüsepfanne

Zutaten für 3 Personen:

- 3 Rinderfilets
- 1 Zucchini
- 200 g weiße Champignons
- 200 g braune Champignons
- 1 Stange Lauch
- 1 Zwiebel
- 1 rote Chilischote
- 100 g saure Sahne
- 2 EL Butterschmalz
- 2 EL Olivenöl
- 2 - 3 Prisen Paprikapulver (edelsüß)
- 1 - 2 Prisen Salz
- 1 - 2 Prisen Cayennepfeffer
- 2 - 3 Prisen Pfeffer

Zubereitung:

Rinderfilets waschen und trocken tupfen. Zucchini waschen und in Stücke schneiden. Champignons putzen und in Scheiben schneiden. Lauch waschen, putzen und in dünne Ringe schneiden. Zwiebel schälen und in Würfel schneiden. Chilischote waschen, längs aufschneiden, entkernen und in kleine Würfel schneiden.

Butterschmalz in einer Pfanne erhitzen. Rinderfilets zugeben und anbraten. Mit Paprikapulver, Salz und Pfeffer würzen.

Olivenöl in einer zweiten Pfanne erhitzen. Zucchini, Champignons, Lauch, Zwiebel und Chili scharf anbraten. Saure Sahne unterheben und mit Cayennepfeffer würzen.

Das Gemüse zusammen mit den Rinderfilets auf Teller anrichten.

Blumenkohl-Tofu-Auflauf

Zutaten für 3 Personen:

- ◆ 300 g Räuchertofu
- ◆ 500 g Blumenkohl
- ◆ 2 Zwiebeln
- ◆ 2 Knoblauchzehen
- ◆ 3 Eier
- ◆ 200 g Magerquark
- ◆ 150 g Gouda
- ◆ 2 EL Sonnenblumenöl
- ◆ 2 - 3 EL Olivenöl
- ◆ 1 - 2 Prisen Salz
- ◆ 1 - 2 Prisen Cayennepfeffer
- ◆ Fett für die Form

Zubereitung:

Blumenkohl waschen, putzen, in Röschen teilen und ca. 10 Minuten in Salzwasser bissfest garen.

Tofu in Würfel schneiden. Zwiebeln und Knoblauchzehen schälen und fein hacken. Gouda reiben.

Magerquark, Eier, die Hälfte des Käses und Sonnenblumenöl vermengen. Mit Salz und Cayennepfeffer würzen.

Olivenöl in einer Pfanne erhitzen. Zwiebeln und Knoblauch darin anschwitzen. Tofu zufügen und anbraten.

Tofu, Blumenkohl und Magerquarkmischung vermengen und in eine gefettete Auflaufform geben. Mit dem restlichen Käse bestreuen. Im vorgeheizten Backofen bei 200 Grad ca. 20 - 25 Minuten überbacken.

Hähnchengemüse mit Kruste

Zutaten für 3 Personen:
♦ 3 Hähnchenbrustfilets
♦ 1 gelbe Paprika
♦ 1 grüne Paprika
♦ ½ Bund frischer Basilikum
♦ 1 kleine Dose stückige Tomaten
♦ 3 Scheiben Butterkäse
♦ 80 g Kräuterfrischkäse
♦ 100 ml flüssige Sahne
♦ 50 ml Weißwein
♦ 2 - 3 EL Olivenöl
♦ 1 - 2 Prisen Salz
♦ 2 - 3 Prisen Pfeffer
♦ Fett für die Form

Zubereitung:
Hähnchenbrustfilets waschen, trocken tupfen und mit Salz und Pfeffer würzen. Paprika schälen, Kerngehäuse entfernen und in Streifen schneiden. Basilikum abbrausen und fein hacken.

Olivenöl in einer Pfanne erhitzen und die Hähnchenbrustfilets von beiden Seiten anbraten, dann herausnehmen und beiseite stellen.

Tomatenstücke mit Flüssigkeit, Paprika, Weißwein und Sahne in den Bratsud geben, aufkochen lassen und mit Salz und Pfeffer würzen.

Gemüse mit Soße in eine gefettete Auflaufform geben. Hähnchenbrustfilets mit Kräuterfrischkäse bestreichen und auf das Gemüse legen. Basilikum darauf verteilen. Jedes Hähnchenbrustfilet mit einer Scheibe Butterkäse belegen. Im vorgeheizten Backofen bei 200 Grad ca. 15 - 20 Minuten überbacken.

Sauerkraut-Tofu-Bratlinge

Zutaten für 3 Personen:
- 400 g Sauerkraut
- 400 g Naturtofu
- 1 Zwiebel
- 5 Eier
- 200 g Schmand
- Olivenöl
- 1 TL gemahlener Koriander
- 1 - 2 Prisen Salz
- 2 - 3 Prisen Pfeffer

Zubereitung:

Sauerkraut sehr gut ausdrücken und klein schneiden. Tofu mit der Gabel zerdrücken. Zwiebel schälen und in kleine Würfel schneiden.

Sauerkraut, Tofu und Zwiebel in einer Schüssel vermengen. Eier, Schmand und Koriander zufügen und mit Salz und Pfeffer abschmecken.

Bratlinge formen und im heißen Olivenöl von beiden Seiten kross anbraten.

»Kochen ist eine Kunst und eine gar edele.«
(Henriette Davidis)

Der maskierte Pfannkuchen

Felix hatte mal wieder Blödsinn gemacht. Die Mutter bestrafte ihn damit, am nächsten Samstag, für die Eltern kochen zu müssen. Sie wollten an diesem Tag einen Krankenbesuch machen. So hatte Felix alle Zeit der Welt etwas zu köcheln, ohne gestört zu werden. Wenn die Eltern dann zurückkamen, wollten sie ihren Bauch mit Sohnemanns Essen füllen.

Es muss erwähnt werden, dass Felix überhaupt kein Interesse daran hatte, seiner Mutter in der Küche mal zur Hand zu gehen, geschweige zu kochen. Sicher, den Bauch vollschlagen fand auch er gut, aber helfen, das kam für ihn überhaupt nicht infrage. Als er dann vor die Wahl gestellt wurde, seinen geliebten Gameboy abzugeben oder für die Eltern etwas Essbares zuzubereiten, war die Entscheidung nicht schwer. Eine Woche hatte Felix nun Zeit, sich etwas Schmackhaftes einfallen zu lassen.

»Na gut, wenn ich schon kochen muss, soll es auch ein Gericht sein, womit meine Eltern in ihren kühnsten Träumen nicht rechnen. Selber schuld, wenn man mich zum Kochen verdonnert.« Felix grübelte und grübelte und hatte dann eine brillante Idee. »Es gibt maskierten Pfannkuchen!«

Zwei Tage später berichtet er seiner Mutter, dass es am Wochenende maskierten Pfannkuchen geben würde.

Die Mutter schaute ihren Sohn verwundert an. »Maskierter Pfannkuchen, was soll das denn sein? Bist du dir sicher, dass man das essen kann?«

»Klar, wartet nur ab. Das ist richtig lecker.«

Die Mutter runzelte die Stirn und anhand ihres Gesichtsausdruckes konnte man gut erkennen, dass sie das nicht glaubte.

Es war Samstag. Die Mutter hatte bis dahin versucht, Felix zu entlocken, was er kochen will, aber vergeblich. Da nutzten auch keine Fangfragen oder Tricks. Felix blieb eisern und amüsierte sich köstlich darüber, dass die Mutter nicht wusste, was es geben würde und es auch nicht schaffte, ihm etwas zu entlocken.

Bevor die Eltern fuhren, drückte die Mutter ihm Geld zum Einkaufen in die Hand. Etwas unwohl war ihr schon, ihren Sohn ohne Aufsicht die Küche zu überlassen. »Ich möchte meine Küche nachher wiedererkennen«, sagte sie streng. »Und nicht dass du das Haus abfackelst.«

»Mach dir keine Sorgen. Ihr werdet staunen, wenn ihr wieder zu Hause seid.«

»Das glaube ich leider auch«, erwiderte die Mutter. Felix wurde sofort klar, dass sie damit nicht das Essen meinte, sondern nur Angst hatte, ihre geliebte Küche wie ein Schlachtfeld vorzufinden. Ihr war nicht wohl dabei, Felix die Küche unbeaufsichtigt zu überlassen, aber schließlich war sie es, die diese Strafe verhängt hatte.

»Wird schon schiefgehen. Mach dir keine Sorgen. Felix ist doch kein kleines Kind mehr«, brachte sich der Vater ein. Aber auch das schien die Mutter nicht zu beruhigen. Behutsam schob er seine Frau aus der Tür. »Ich verlass mich auf dich, Großer«, sagte er zu Felix. Dieser zwinkerte seinem Vater mit einem frechen Grinsen zu und winkte noch zum Abschied.

Als das Auto der Eltern nicht mehr zu sehen war, machte sich Felix in Windeseile auf zum nahegelegenen Supermarkt, um alles für seinen maskierten Pfannkuchen zu besorgen. Wieder zu Hause angekommen legte er alles auf den Tisch und begutachtete seinen Einkauf. »Womit fange ich nur an?« Erst einmal wurde das Radio angeschaltet. Felix war ein Musikfan und redete sich ein, dass er nur den richtigen Rhythmus brauchte, um sein Vorhaben in die Tat umzusetzen.

Er suchte alle Utensilien für die Zubereitung zusammen und fing an wie wild zu schnippeln. Hier und da fiel etwas auf den Boden, was der Familienhund dankbar annahm.

Felix schaute ihn an und sagte: »Danke, dass du mir hilfst. Da brauche ich wenigstens nicht zu wischen, wenn du alles Heruntergefallene auffutterst.«

Der Hund schaute ihn an, wedelte mit dem Schwanz und gab ein leises »Wuff« von sich.

Der Junge schaute immer wieder auf die Uhr. Die Eltern hatten ihm gesagt, wann sie wieder zurück sein wollten. Er lag gut in der Zeit. Nachdem alles fertig war, schob er sein Mahl in den Backofen und war mächtig stolz auf sich. Etwas Zeit hatte er noch. So spülte er alles noch weg und räumte die

Gerätschaften alle wieder in den Schrank, auch wenn er nicht so genau wusste, wo alles hingehörte. Aber das war ihm völlig egal. Hauptsache alles war wieder sauber und verstaut. Mutter wird schon alles wiederfinden, wenn sie es braucht.

Schnell wurde noch der Tisch gedeckt. Schweißperlen standen Felix auf der Stirn, aber alles war geschafft. Er hätte nie gedacht, dass Küchenarbeit so anstrengend sein kann. Und dann hörte Felix auch schon den Wagen seiner Eltern vorfahren. Schnell lief er zur Tür und empfing sie winkend.

»Das Haus steht noch«, rief er seiner Mutter lachend entgegen und diese musste ebenfalls grinsen.

Als die Eltern das Haus betraten, wehte ihnen schon ein angenehmer Duft entgegen. Felix führte sie direkt an den gedeckten Tisch im Esszimmer. Er hatte sogar kleine Speisekarten gebastelt, wo der maskierte Pfannkuchen angekündigt wurde. Allerdings fehlte den Eltern jegliche Fantasie, dieses Bild zu entziffern.

»Gut riecht es ja«, lobte die Mutter ihren Sohn.

»Warte erst mal ab, wie es schmeckt.« Felix verschwand in der Küche. Man hörte es nur noch klappern. Die Mutter machte sich schon wieder Sorgen. Dann schepperte es auch noch laut.

Sie wollte gerade in die Küche eilen, als ihr Sohn mit einem vollen Teller vor ihr stand. Hier das ist für dich. Ich hole schnell die zwei anderen Teller.

»Aber das ist doch Pizza!«, sagte die Mutter verwundert.

»Das stimmt. In einer Zeitung habe ich gelesen, dass man beim Kochen kreativ sein soll. Also habe ich mir einfach Gedanken gemacht, wie ich die Pizza umbenennen kann. Du musst zugeben, sie ist rund wie ein Pfannkuchen. Außerdem war es so schön mitanzusehen, dass ihr nicht wusstet, was auf euch zukommt«, sagte Felix schelmisch.

»Na dann wollen wir deinen maskierten Pfannkuchen mal probieren«, meldet sich der Vater zu Wort.

Gespannt schaute Felix seine Eltern an und wartete auf eine Reaktion.

»Das ist aber lecker«, gaben die Eltern wie im Chor von sich. »Gut gemacht!«

Felix Brust schwoll vor lauter Stolz an, als er das hörte.

»Ich denke, wir lassen unseren Sohn jetzt immer für uns kochen«, sagte die Mutter und sah Felix dabei direkt in die Augen.

Dieser schaute sie erschrocken an. »Was!«, rief er entsetzt. »Das ist doch wohl ein schlechter Scherz?«

Die Mutter musste lachen. »Na ja, wenigstens weißt du jetzt, wie viel Arbeit es ist, alleine alles zuzubereiten. Ich mache dir einen Vorschlag. Was hältst du davon, wenn du mir hin und wieder hilfst?«

»O.k., das ist eine gute Idee. Irgendwie hat es ja sogar Spaß gemacht. Aber ich darf dann aussuchen, was gekocht wird.« Und im selben Moment arbeitet es bereits in Felix Kopf, welchen anderen ausgefallenen Namen man Gerichten geben kann, damit nicht jeder gleich weiß, was es Gutes gibt. Schließlich sagt ein Sprichwort: Die Königin der Kochrezepte ist die Fantasie.

Putengeschnetzeltes

Zutaten für 3 Personen:

- 400 g Putenbrust
- 1 gelbe Paprika
- 1 rote Paprika
- 1 Zucchini
- ½ Bund frischer Basilikum
- 150 ml Kokosmilch (Dose)
- 1 Prise gemahlener Sternanis
- 2 - 3 EL Butter
- 1 TL Currypulver
- 1 - 2 Prisen Salz
- 2 - 3 Prisen Pfeffer

Zubereitung:

Putenbrust waschen, trocken tupfen und in Streifen schneiden. Paprika schälen, Kerngehäuse entfernen und in Streifen schneiden. Zucchini waschen und in Scheiben schneiden. Basilikum abbrausen und in feine Streifen schneiden.

Butter in einer Pfanne erhitzen. Putenbruststreifen zufügen und unter Wenden goldbraun anbraten. Gemüse und Kokosmilch zufügen und solange köcheln, bis das Gemüse weich ist. Mit Sternanis, Currypulver, Salz sowie Pfeffer würzen und Basilikum garniert servieren.

Brokkoli-Kohlrabi-Auflauf

Zutaten für 3 Personen:

- ◆ 400 g Brokkoli
- ◆ 2 Kohlrabi
- ◆ ½ Bund frische Petersilie
- ◆ 150 g Schmand
- ◆ 100 g Bergkäse
- ◆ 50 ml Orangensaft
- ◆ 200 ml Gemüsebrühe
- ◆ Fett für die Form

Zubereitung:

Brokkoli waschen, putzen und in Röschen teilen. Kohlrabis schälen und in mundgerechte Stücke schneiden. Petersilie waschen und fein hacken. Bergkäse reiben.

Gemüsebrühe in einem Topf erhitzen. Brokkoli und Kohlrabi darin ca. 10 Minuten kochen. Anschließend abschütten und dabei etwas von dem Gemüsewasser auffangen.

Schmand, Petersilie, Gemüsewasser und Orangensaft in eine Schüssel geben und alles gut miteinander vermengen.

Gemüse in eine gefettete Auflaufform geben. Schmandmischung darüber verteilen und mit Käse bestreuen. Im vorgeheizten Backofen bei 180 Grad ca. 20 Minuten überbacken, bis die Käsekruste goldbraun ist.

Schweinefilet in Mangosoße

Zutaten für 3 Personen:

- ◆ 500 g Schweinefilet
- ◆ 2 rote Paprika
- ◆ 2 gelbe Paprika
- ◆ 2 Zwiebeln
- ◆ 2 Knoblauchzehen
- ◆ 1 rote Chilischote
- ◆ 2 Mangos
- ◆ 2 TL Tomatenmark
- ◆ 2 - 3 EL Wasser
- ◆ 300 ml Gemüsebrühe
- ◆ 2 - 3 EL Olivenöl
- ◆ 1 - 2 Prisen Salz
- ◆ 2 - 3 Prisen Pfeffer

Zubereitung:

Schweinefilet waschen, trocken tupfen und in mundgerechte Stücke schneiden. Paprikas schälen, Kerngehäuse entfernen und in Streifen schneiden. Zwiebeln schälen und in Ringe schneiden. Knoblauchzehen schälen und sehr fein hacken. Chilischote waschen, längs aufschneiden, entkernen und in kleine Würfel schneiden. Mangos schälen, das Fruchtfleisch vom Kern entfernen und in kleine Stücke schneiden.

Etwas Olivenöl in einem Topf erhitzen. Knoblauch und Mango-stücke darin anschwitzen. Mit Gemüsebrühe ablöschen und zugedeckt ca. 10 Minuten köcheln lassen. Gegebenenfalls noch etwas Wasser zufügen, falls die Mango zu sehr eindickt.

Restliches Olivenöl in einer Pfanne erhitzen und das Schweinefilet darin anbraten. Gemüse und Tomatenmark zufügen und mit anschwitzen. Mit Salz und Pfeffer würzen.

Mangosoße zufügen, gut verrühren und noch ein paar Minuten ziehen lassen.

Gemüse-Auflauf

Zutaten für 3 Personen:

- 200 g Blumenkohl
- 200 g weiße Champignons
- 1 Stange Lauch
- ½ Bund frischer Schnittlauch
- ½ Bund frische Petersilie
- 100 g Parmesan
- 3 Eier
- 300 g Magerquark
- 2 EL Sonnenblumenöl
- 1 - 2 Prisen Muskat
- 2 - 3 Prisen Paprikapulver (scharf)
- 1 - 2 Prisen Salz
- 2 - 3 Prisen Pfeffer
- Fett für die Form

Zubereitung:

Blumenkohl waschen, putzen, in Röschen teilen und garen. Champignons putzen und in Scheiben schneiden. Lauch waschen, putzen und in Ringe schneiden. Petersilie waschen und fein hacken. Schnittlauch waschen und in feine Ringe schneiden. Parmesan reiben.

Sonnenblumenöl in einer Pfanne erhitzen. Champignons und Lauch zufügen und kurz anbraten.

Magerquark, Eier, Parmesan, Schnittlauch und Petersilie vermengen. Mit Muskat, Paprikapulver, Salz und Pfeffer würzen.

Gemüse in eine gefettete Auflaufform geben. Quarkmischung darüber verteilen. Im vorgeheizten Backofen bei 180 Grad ca. 20 Minuten überbacken.

Hähnchen-Gemüse-Curry

Zutaten für 3 Personen:
- 400 g Hähnchenbrust
- 1 rote Paprika
- 1 gelbe Paprika
- 1 Zucchini
- 1 Knoblauchzehe
- 4 TL Tomatenmark
- 3 - 4 EL Sojasoße
- 200 ml flüssige Sahne
- 50 ml Wasser
- 1 - 2 Prisen Chilipulver
- ½ TL Currypulver
- 1 - 2 Prisen Salz
- 2 - 3 Prisen Pfeffer

Zubereitung:
Hähnchenbrust waschen, trocken tupfen und in mundgerechte Stücke schneiden. Chilipulver und Sojasoße vermischen und die Hähnchenbrust darin ca. 15 Minuten marinieren.

Paprika schälen, Kerngehäuse entfernen und in Streifen schneiden. Zucchini waschen und in Würfel schneiden. Knoblauchzehe schälen und sehr fein hacken.

Eine Pfanne heiß werden lassen. Hähnchenbrust mit Marinade zufügen und unter Rühren anbraten. Kein Fett nehmen. Gemüse zu geben und mitdünsten.

Tomatenmark und Currypulver zufügen, mit Wasser ablöschen und einköcheln lassen. Sahne unterheben, mit Salz und Pfeffer abschmecken und noch etwas köcheln lassen.

Spargel-Ragout

Zutaten für 3 Personen:

- 100 g Räuchertofu
- 400 g grüner Spargel
- 100 g weiße Champignons
- 100 g braune Champignons
- ½ Bund frische Petersilie
- 100 g Kräuterfrischkäse
- 2 - 3 EL Olivenöl
- 1 - 2 Prisen Muskat
- 2 - 3 Prisen Paprikapulver (scharf)
- 1 - 2 Prisen Salz
- 2 - 3 Prisen Pfeffer

Zubereitung:

Spargel an der unteren Hälfte schälen, in 3 - 4 cm lange Stücke schneiden und in siedendem Wasser ca. 10 Minuten garen. Herausnehmen und etwas abkühlen lassen.

Tofu in mundgerechte Stücke schneiden. Champignons putzen und in Scheiben schneiden. Petersilie waschen und fein hacken.

Olivenöl in einer Pfanne erhitzen. Tofu, Spargel und Champignons zufügen und anbraten. Kräuterfrischkäse unterheben und mit Muskat, Paprikapulver, Salz und Pfeffer würzen. Mit Petersilie garniert servieren.

Die Verschwörung der Kalorien

Die Lieblingsbeschäftigung von Frau Fröhlich war das Essen. Sie genoss alles, was ihr Herz begehrte. Aber sie konsumierte zu viel, viel zu viel …

Eines Tages bemerkte sie Rundungen an ihren Hüften, die bisher noch nicht dort waren. Spontan probierte sie ihre Kleidung an. Und siehe da, alles war zu eng. Guter Rat war teuer. »Ich muss auf die Waage«, dachte sie sich. Gesagt getan. Als sie dann die angezeigte Gewichtszahl sah, trieb es ihr die Röte ins Gesicht und Tränen kullerten aus ihren Augen.

»Oh je!«, stöhnte sie. So kann es nicht weitergehen. Die übermäßigen Pfunde müssen weg.«

Alle unnötigen Kalorien müssen nun endlich vermieden werden, redete sie sich eisern ein. Was nicht leicht war, denn Frau Fröhlich liebte es, nach Herzenslust zu speisen. Es war die Höchststrafe für sie, auf alles Leckere zu verzichten.

Ihre Freundin erzählte ihr einmal, dass es nicht an den Kalorien liegt, wenn sie zunimmt, sondern dass es die kleinen Wichtel sind, die nachts im Schrank die Kleidung enger nähen.

Ungläubig schaute Frau Fröhlich ihre Freundin damals an und musste schmunzeln. »Es gibt doch keine Wichtel«, antwortete sie amüsiert.

Warum sie gerade jetzt daran dachte, als sie sich in die viel zu enge Hose zwängen wollte, wusste sie auch nicht. »Gibt es sie vielleicht doch?«, überlegte Frau Fröhlich. Also warf sie einen kurzen Blick in ihren Schrank und zweifelte im selben Moment an ihrem Verstand.

Die kleinen Wichtel hatten sich in einer Ecke des Schrankes versteckt und alles mitbekommen. Sie rieben sich die Hände, da in der nächsten Nacht viel Arbeit anfiel, um auch noch den Rest der Kleidung enger zu machen.

Am nächsten Tag stieg Frau Fröhlich erneut auf die Waage. Das angezeigte Gewicht war sogar noch höher als am Tag zuvor. Sie versuchte erneut ihre Jeans anzuziehen. Aber es klappte nicht, sich dort hineinzuzwängen. Sie schimpfte laut: »Jetzt reicht es! So kann es nicht weitergehen. Jetzt wird gehungert. Ich platze ja bald.«

Frau Fröhlich verbannte alle Köstlichkeiten und schaffte es tatsächlich, ihr Hungern für mehrere Tage durchzuziehen. Sie aß zwar hier und da mal etwas Obst oder Salat, mehr stand aber nicht auf ihrem Speiseplan.

Die Wichtel waren darüber überhaupt nicht begeistert. Denn es ist für sie unerträglich, nichts zu tun zu haben.

»Wir sind arbeitslos. Was sollen wir nun machen? Wenn das so weitergeht, werden wir vor lauter Langeweile noch verrückt. Schlimmer noch! Vielleicht müssen wir uns auch einen neuen Schrank suchen, damit wir wieder etwas zu tun haben«, stellte ein Wichtel traurig fest.

Auf einmal hob einer der Kerlchen seinen Finger und hüpfte aufgeregt von einem Bein auf das andere. Verwirrt schauten ihn alle an.

»Ich habe eine ausgezeichnete Idee!«

»Na da sind wir aber neugierig«, antworteten sie wie im Chor. »Dann erzähl mal.«

»Ganz einfach. Zuerst machen wir einen Deal mit der Waage, damit Frau Fröhlich glaubt, ihr Fasten hat sich gelohnt. Und um ihren Glauben noch zu verstärken, vergrößern wir die Kleidung wieder, und zwar noch größer als vorher. Was meint ihr, wie sie sich morgen freut, wenn alles noch besser als vorher passt.«

Gesagt, getan und die Reaktion von Frau Fröhlich war genau so, wie die Wichtel vorausgesehen hatten. Als die gute Frau nämlich die Anzeige der Waage begutachtete, musste sie sich ihre Augen reiben. Sie konnte einfach nicht glauben, was sie da sah. Fast hätte sie vor lauter Begeisterung einen Luftsprung gemacht.

Die Wichtel beobachteten alles genau durch einen kleinen Spalt im Schrank und klatschten vor Freude in die Hände. Ihr Job war gerettet. Sie mussten nicht umziehen, was für ein Glück.

Eigentlich könnte Frau Fröhlich einem leidtun, dass sie auf die List hereingefallen ist.

Da die Wichtel umgedacht hatten, brauchten sie keine Angst mehr zu haben, arbeitslos zu werden. Sie änderten jetzt die Kleidung immer genau so, dass ihr Mensch glücklich war. Heißt: Passte mal was nicht, wurde alles größer gemacht. War die Kleidung etwas zu groß, wurde sie enger gemacht und Frau Fröhlich glaubte, dass es daran lag, weil sie eisern auf alle Köstlichkeiten verzichtet hatte. Diese neue Methode verbreitete sich in Windeseile unter allen Wichteln.

Es sind wirklich kleine Teufel, aber so sorgten sie dafür, dass der Mensch seine Freude am Essen nicht verliert.

Denkt mal darüber nach. Vielleicht kommt euch das bekannt vor. Falls ja, müsst auch ihr euch eingestehen, dass ihr auf die Verschwörung dieser kleinen listigen Kerlchen reingefallen seid.

Zucchini-Lasagne

Zutaten für 3 Personen:

- ◆ 400 g Rinderhack
- ◆ 3 Zucchini
- ◆ 1 Zwiebel
- ◆ 1 Knoblauchzehe
- ◆ 1 Stange Lauch
- ◆ ½ Bund frische Petersilie
- ◆ 100 g Emmentaler
- ◆ 1 kleine Dose stückige Tomaten
- ◆ 2 EL Tomatenmark
- ◆ 50 g Frischkäse
- ◆ 50 g Ziegenfrischkäse
- ◆ 100 ml flüssige Sahne
- ◆ 100 ml Milch
- ◆ 2 - 3 EL Olivenöl
- ◆ 1 - 2 Prisen Muskat
- ◆ ½ TL Oregano
- ◆ ½ TL Thymian
- ◆ 2 - 3 Prisen Paprikapulver (scharf)
- ◆ 1 - 2 Prisen Salz
- ◆ 2 - 3 Prisen Pfeffer
- ◆ Fett für die Form

Zubereitung:

Zucchini waschen und längs in fingerdicke Scheiben schneiden. Zwiebel und Knoblauchzehe schälen und fein hacken. Lauch waschen, putzen und in dünne Ringe schneiden. Petersilie waschen und fein hacken. Emmentaler reiben.

Olivenöl in einer Pfanne erhitzen und die Zucchinischeiben darin von beiden Seiten anbraten, dann herausnehmen und auf Küchenpapier abtropfen lassen.

Erneut Olivenöl in einer Pfanne erhitzen und Zwiebel, Knoblauch, Lauch und Tomatenmark darin anschwitzen. Hackfleisch zufügen und krümelig anbraten. Wenn das Fleisch Farbe bekommt, mit Paprikapulver, Salz und Pfeffer würzen. Tomaten mit Flüssigkeit zufügen und mit Muskat, Oregano und Thymian würzen. Alles ca. 10 Minuten auf kleiner Flamme köcheln lassen. Zum Schluss die Petersilie unterheben.

Beide Frischkäse, Milch und Sahne verrühren.

Eine gefettete Auflaufform mit Zucchinischeiben auslegen. Darauf etwas Tomaten-Hacksoße verteilen. Dann eine Schicht Frischkäse-soße und dann wieder Zucchinischeiben. Alles weiter so schichten, bis alle Zutaten verbraucht sind. Die oberste Schicht sollte Tomaten-Hacksoße sein. Dann mit dem Emmentaler bestreuen und im vorgeheizten Backofen bei 200 Grad goldbraun backen.

»Geschmack ist die Kunst,
sich auf Kleinigkeiten zu verstehen.«
(Jean-Jacques Rousseau)

Überbackene Auberginen

Zutaten für 3 Personen:

- 2 Auberginen
- 2 Zwiebeln
- 150 g Cocktailtomaten
- 100 g Schafskäse
- 100 g Hüttenkäse
- 1 - 2 Prisen Kräutersalz
- 2 - 3 Prisen Cayennepfeffer
- Backpapier

Zubereitung:

Auberginen waschen, in 1 cm dicke Scheiben schneiden und mit etwas Kräutersalz und Cayennepfeffer würzen. Zwiebeln schälen und in Ringe schneiden. Cocktailtomaten waschen und in Scheiben schneiden. Schafskäse zerbröckeln.

Backblech mit Backpapier auslegen und die Auberginenscheiben darauf verteilen. Mit Zwiebelringen und Tomatenscheiben gleichmäßig belegen. Zum Schluss auf die eine Hälfte der Auberginenscheiben Schafskäse verteilen und auf die andere Hälfte den Hüttenkäse.

Im vorgeheizten Backofen bei 200 Grad ca. 20 Minuten backen.

Kochscherz

Oh Schreck!
Der Koch ist weg.
Ist das jetzt ein schlechter Scherz
oder will er nur prüfen seine Gäste auf Nieren und
Herz?
Doch als der Koch dann endlich betrat den
Speisesaal,
rufen alle wie im Chor,
jetzt gibt es endlich lecker Essen,
das werden wir ihm nie vergessen.
Wo er war interessiert niemanden mehr,
nun wird geschlemmt nach Herzenslust
und keiner verspürt wegen des kleinen Streiches
mehr Frust.

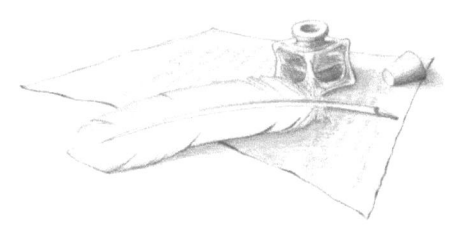

Käsefrikadellen

Zutaten für 3 Personen:

- 500 g Hackfleisch
- 1 Zwiebel
- 1 Knoblauchzehe
- ½ Bund frische Petersilie
- ½ Bund frischer Schnittlauch
- 120 g Schafskäse
- 2 Eier
- 3 - 4 EL Olivenöl
- 2 - 3 Prisen Paprikapulver (süß)
- 1 - 2 Prisen Chilipulver
- 1 - 2 Prisen Salz
- 2 - 3 Prisen Pfeffer

Zubereitung:

Schafskäse zerbröckeln und mit dem Hackfleisch und den Eiern vermischen.

Petersilie waschen und fein hacken. Schnittlauch waschen und in feine Ringe schneiden. Zwiebel und Knoblauchzehe schälen und fein hacken. Alles zu der Hackfleischmasse geben und gut vermengen. Mit Paprikapulver, Chilipulver, Salz und Pfeffer würzen und kurz ziehen lassen.

Olivenöl in einer Pfanne erhitzen. Hackmasse zu Frikadellen formen und bei mittlerer Hitze von beiden Seiten goldbraun durchbraten.

»Lachen ist eine körperliche Übung von größtem Wert für die Gesundheit.« (Aristoteles)

Kommt ein Skelett in ein Restaurant und setzt sich an einen Tisch. Nach einer Stunde kommt der Ober und sagt: »Entschuldigen Sie bitte, dass Sie so lange warten mussten.«

»Herr Ober, was machen die vielen Leute an meinem Tisch?«
»Sie hatten doch einen Auflauf bestellt, mein Herr.«

Karin zu ihrer Freundin: »Du hast so einen schönen flachen Bauch. Kannst du mir Tipps geben wie auch ich so einen flachen Bauch kriegen kann.
Freundin: »Klar, einfach nur flache Sachen essen!
Schokoladetafeln (keine Toblerone) und Pizza (keine Calzone)!«

»Herr Ober, von meiner Suppe nascht eine Fliege!"«
»Keine Angst, die isst nicht viel.«

Meier zum Ober: »Das ist aber eine sehr traurige Geschichte mit dem Fisch, den Sie gerade serviert haben.«
Ober: »Ich verstehe nicht, mein Herr.«
Meier: »So klein und schon völlig verdorben.«

Gutes aus dem Meer

Lassen wir´s schwimmen

Krabben-Blätterteig-Tasche

Zutaten für 3 Personen:
- 3 Lagen TK-Fertigblätterteig
- 150 g geschälte Krabben
- 1 Eigelb
- 100 g Frischkäse
- 100 g Creme fraiche
- 1 EL Milch
- 1 EL Zitronensaft
- 1 EL Dill
- 1 - 2 Prisen Meersalz
- 2 - 3 Prisen Pfeffer

Zubereitung:
Blätterteig auftauen und zu einem 20 x 30 cm großem Rechteck ausrollen.

Krabben waschen und trocken tupfen.

Frischkäse, Creme fraiche, Milch und Zitronensaft vermengen. Mit Dill, Meersalz und Pfeffer würzen. Dann die Krabben unterheben.

Krabbenmischung gleichmäßig auf die Teigplatte verteilen, ringsherum einen etwa 1,5 cm breiten Rand lassen und diesen mit etwas Eigelb bestreichen. Die Teigränder der schmalen Seite über die Füllung schlagen und den Teig von einer Längenseite her fest aufrollen. Die Teigtasche mit dem restlichen Eigelb bestreichen und ein oder zwei Dampflöcher einstechen. Im vorgeheizten Backofen bei 200 Grad ca. 20 Minuten backen.

Seelachsfilet mit Petersilienhaube

Zutaten für 3 Personen:

- 300 g Seelachsfilets
- 300 g Kartoffeln
- 1 rote Paprika
- 2 Zwiebeln
- 1 Knoblauchzehe
- ½ Bund frische Petersilie
- 1 kleine Dose stückige Tomaten
- 1 Ei
- 2 EL Butter
- 100 g Semmelbrösel
- 1 - 2 EL Zitronensaft
- 2 - 3 EL Olivenöl
- 1 TL Oregano
- 1 - 2 Prisen Salz
- 2 - 3 Prisen Cayennepfeffer
- Fett für die Form

Zubereitung:

Seelachsfilets waschen, trocken tupfen, mit Zitronensaft beträufeln. Kartoffeln kochen, pellen, abkühlen lassen und in Würfel schneiden. Paprika schälen, Kerngehäuse entfernen und in Streifen schneiden. Zwiebeln schälen und in Ringe schneiden. Knoblauchzehe schälen und in feine Würfel schneiden. Petersilie waschen und fein hacken.

Olivenöl in einer Pfanne erhitzen. Zwiebeln und Knoblauch darin anschwitzen. Tomatenstücke mit Flüssigkeit und Paprika zufügen. Mit Oregano, Salz und Cayennepfeffer würzen und etwas einköcheln lasen.

Auflaufform mit Butter auspinseln. Kartoffeln und die Paprika-Tomatensoße zufügen. Seelachsfilets darüber legen.

Semmelbrösel, Ei und Petersilie vermischen und über den Fisch streuen. Mit Butterflöckchen belegen. Im vorgeheizten Backofen bei 200 Grad ca. 30 Minuten garen.

Magenfreude

Der Magen knurrt,
der Kühlschrank leer,
das geht nun nimmermehr.
Ein Einkaufszettel muss jetzt sein,
mit Eier, Butter, Käse, Brot und Wein.
Der Einkauf endlich gemacht,
damit der Magen wieder lacht.

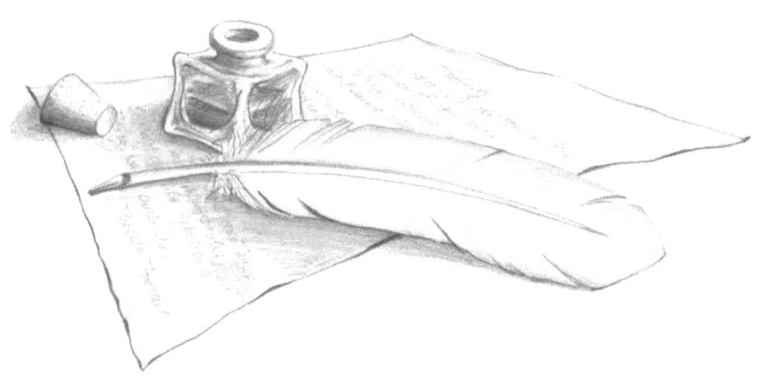

Forelleneintopf

Zutaten für 3 Personen:

- 2 Tassen rote Linsen
- 300 g geräucherte Forellenfilets
- 300 g Kartoffeln
- 1 rote Paprika
- 1 grüne Paprika
- 1 Stange Lauch
- 1 Zwiebel
- 1 Knoblauchzehe
- 3 EL Tomatenmark
- 400 ml Fischfond
- 2 - 3 EL Olivenöl
- 1 - 2 Prisen Meersalz
- 2 - 3 Prisen schwarzer Pfeffer

Zubereitung:

Forellenfilets grob zerteilen. Kartoffeln schälen, waschen und in kleine Würfel schneiden. Paprikas schälen, Kerngehäuse entfernen und in Streifen schneiden. Lauch waschen, putzen und in dünne Ringe schneiden. Zwiebel und Knoblauchzehe schälen und fein hacken.

Olivenöl in einem Topf erhitzen. Zwiebel, Knoblauch und Tomatenmark zufügen und anschwitzen. Kartoffeln, Paprika und Lauch zufügen und kurz andünsten. Fischfond zufügen, aufkochen und ca. 10 Minuten köcheln lassen. Linsen unterheben und alles noch weitere 15 Minuten köcheln lassen. Mit Meersalz und Pfeffer würzen. Forellenfilets beifügen und weitere 5 Minuten köcheln lassen.

Garnelen in Kokosmilch

Zutaten für 3 Personen:

- 350 g küchenfertige Riesengarnelen
- 6 Frühlingszwiebeln
- 1 Zwiebel
- 2 Knoblauchzehen
- 1 rote Chilischote
- 1 grüne Chilischote
- 10 g frischer Ingwer
- 250 ml Kokosmilch (Dose)
- 2 EL Erdnussöl
- 1 TL Kurkuma
- 1 TL Currypulver
- 1 - 2 Prisen Salz

Zubereitung:

Riesengarnelen waschen und trocken tupfen. Frühlingszwiebeln waschen, putzen und in Ringe schneiden. Zwiebel schälen und fein hacken. Knoblauchzehen schälen und zerdrücken. Chilischoten waschen, längs aufschneiden, entkernen und grob hacken. Ingwer schälen und in feine Würfel schneiden.

Erdnussöl in einer Pfanne erhitzen. Zwiebel, Knoblauch, Frühlingszwiebeln. Chili und Ingwer zugeben, mit Kurkuma und Currypulver bestäuben und anschwitzen. Die Riesengarnelen zugeben und kurz mitbraten.

Kokosmilch zugeben und mit Salz abschmecken. Die Riesengarnelen unter ständigem Rühren bei schwacher Hitze ca. 5 Minuten köcheln lassen, bis die Flüssigkeit etwas eingedickt ist.

Makrele trifft Stachelbeere

Zutaten für 3 Personen:

- 3 küchenfertige Makrelen
- 2 Zwiebeln
- 2 Knoblauchzehen
- ½ Bund frische Petersilie
- 250 g Stachelbeeren
- 200 ml Wasser
- 1 - 2 EL Olivenöl
- 2 - 2 Prisen Muskat
- 1 - 2 Prisen Salz
- 2 - 3 Prisen Pfeffer
- Fett für die Form
- Alufolie

Zubereitung:

Makrelen waschen und trocken tupfen. Zwiebeln und Knoblauchzehen schälen und in feine Würfel schneiden. Petersilie waschen und fein hacken. Stachelbeeren mit einem Löffel leicht zerdrücken.

Zwiebeln, Knoblauch und Petersilie vermischen und die Makrelen damit füllen.

Eine große Auflaufform ausfetten. Sie sollte so groß sein, dass die Makrelen nebeneinander Platz haben.

Wasser über die Stachelbeeren gießen, mit Muskat, Salz und Pfeffer würzen und über die Makrelen verteilen.

Ein Stück Alufolie mit Olivenöl bestreichen. Die Auflaufform damit verschließen. Im vorgeheizten Backofen bei 190 Grad ca. 25 - 30 Minuten garen.

Überbackene Krabben

Zutaten für 3 Personen:
- 400 g geschälte Krabben
- 150 g Champignons
- 150 g Appenzeller
- 200 ml flüssige Sahne
- 150 ml Weißwein
- 2 EL Butter
- 1 TL Currypulver
- 1 - 2 Prisen Salz
- 2 - 3 Prisen Pfeffer

Zubereitung:
Krabben waschen und trocken tupfen. Champignons putzen und in Scheiben schneiden. Appenzeller reiben.

Butter in einer Pfanne erhitzen. Champignons zufügen und mit Currypulver bestäuben. Krabben, Wein und Sahne zufügen und ca. 5 Minuten auf kleiner Flamme köcheln lassen. Mit Salz und Pfeffer abschmecken.

Krabbenmischung in eine gefettete Auflaufform geben. Appenzeller darauf verteilen. Im vorgeheizten Backofen bei 200 Grad so lange überbacken, bis die Käsekruste goldgelb ist.

»Bei einer Mahlzeit bewirtest du zwei Gäste:
Deinen Leib und deine Seele.«
(Epiktet)

Lachs-Auflauf

Zutaten für 3 Personen:

- 250 g Lachsfilets
- 200 g bunte Nudeln
- 300 g Brokkoli
- 1 Stange Lauch
- 250 g Emmentaler
- 300 ml flüssige Sahne
- 150 g Creme fraiche
- ½ TL Paprikapulver (süß)
- 1 TL Salz (für Salzwasser Brokkoli)
- 1 - 2 Prisen Kräutersalz
- 2 - 3 Prisen Pfeffer
- Fett für die Form

Zubereitung:

Nudeln nach Packungsanweisung kochen und in einem Sieb abtropfen lassen.

Brokkoli putzen, in kleine Röschen teilen, im kochendem Salzwasser vorgaren und dann abgießen. Lachsfilets waschen, trocken tupfen und in mundgerechte Stücke schneiden. Lauch waschen, putzen und in Ringe schneiden. Emmentaler reiben.

Sahne, Creme fraiche und die Hälfte des Käses vermengen. Mit Paprikapulver, Kräutersalz und Pfeffer würzen.

Nudeln, Brokkoli, Lachs und Lauch in einer gefetteten Auflaufform verteilen und mit der Sahnemischung übergießen. Restlichen Käse darüber streuen und im vorgeheizten Backofen bei 200 Grad ca. 30 Minuten überbacken.

Fischgulasch

Zutaten für 3 Personen:

- 500 g Seelachsfilets
- 2 rote Paprika
- 2 grüne Paprika
- 4 Frühlingszwiebeln
- 1 Zwiebel
- 1 Knoblauchzehe
- 1 rote Chilischote
- 10 g frischer Ingwer
- 3 EL Tomatenmark
- 200 g saure Sahne
- 300 ml Gemüsebrühe
- 2 - 3 EL Olivenöl
- 1 - 2 Prisen Salz
- 1 - 2 Prisen Cayennepfeffer

Zubereitung:

Seelachsfilets waschen, trocken tupfen, in mundgerechte Stücke schneiden und von beiden Seiten mit Cayennepfeffer würzen. Paprika schälen, Kerngehäuse entfernen und in Streifen schneiden. Frühlingszwiebeln waschen, putzen und in Ringe schneiden. Zwiebel und Knoblauchzehe schälen und fein hacken. Chilischote waschen, längs aufschneiden, entkernen und in kleine Würfel schneiden. Ingwer schälen und fein reiben.

Olivenöl in einem Topf erhitzen. Zwiebel, Knoblauch, Tomatenmark und Ingwer darin anschwitzen. Paprika, Frühlingszwiebeln und Chili zufügen und kurz schmoren lassen. Gemüsebrühe zufügen und aufkochen. Seelachs und saure Sahne unterheben. Mit Salz würzen und bei mittlerer Hitze ca. 12 - 15 Minuten ziehen lassen, nicht kochen.

Zanderfilet an Gemüse

Zutaten für 3 Personen:

- 3 Zanderfilets
- 250 g Möhren
- 1 Stange Lauch
- 1 rote Chilischote
- 1 grüne Chilischote
- ½ Bund frische Petersilie
- 2 EL Zitronensaft
- 100 ml Orangensaft
- 2 - 3 EL Olivenöl
- 4 EL Mehl
- 1 EL Zucker
- 1 - 2 Prisen Salz
- 2 - 3 Prisen Pfeffer

Zubereitung:

Zanderfilets waschen, trocken tupfen, mit Salz und Pfeffer würzen, mit Zitronensaft beträufeln und von beiden Seiten im Mehl wenden. Möhren schälen und in feine Stifte schneiden. Lauch waschen, putzen und in Ringe schneiden. Chilischoten waschen, längs aufschneiden, entkernen und in Würfel schneiden. Petersilie waschen und fein hacken.

Olivenöl in einer Pfanne erhitzen. Zucker zufügen und karamellisieren lassen, bis er leicht braun ist. Möhren, Lauch und Chili zufügen. Kurz anbraten und dann mit dem Orangensaft ablöschen. Alles so lange einköcheln lassen, bis die Flüssigkeit einreduziert ist.

In einer zweiten Pfanne erneut Olivenöl erhitzen. Zanderfilets zufügen und goldbraun anbraten.

Zanderfilets und Gemüse auf Tellern anrichten und mit Petersilie bestreut servieren.

Fischgedanken

Ein Fisch denkt sich ganz leise,
läg ich doch nicht auf dem Teller als Speise,
würde ich die Welt aus dem Wasser sehen
und müsste all das nicht verstehen.

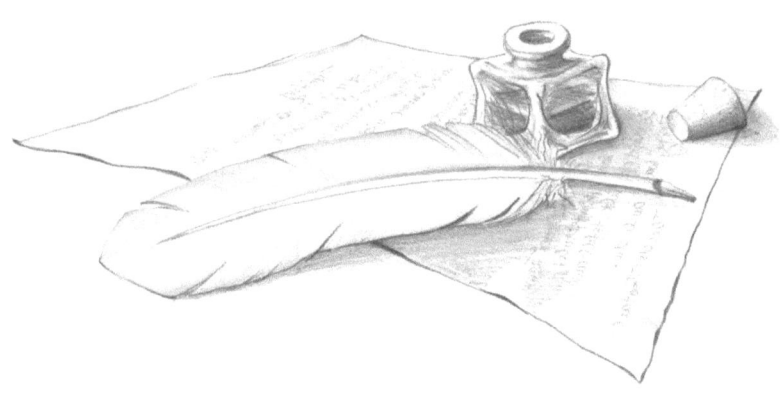

Seelachsfilet auf Sauerkraut

Zutaten für 3 Personen:

- 300 g Seelachsfilets
- 400 g Sauerkraut
- 1 Zwiebel
- 80 g kernlose grüne Weintrauben
- 1 EL flüssiger Honig
- 2 EL Mehl
- 200 ml Weißwein
- 4 EL Rapsöl
- 1 Lorbeerblatt
- 1 - 2 Prisen Meersalz
- 2 - 3 Prisen Pfeffer
- 1 - 2 Prisen Cayennepfeffer

Zubereitung:

Seelachsfilets waschen, trocken tupfen, in mundgerechte Stücke schneiden, von beiden Seiten mit Meersalz und Pfeffer würzen und im Mehl wenden. Zwiebel schälen und fein hacken. Weintrauben waschen und halbieren.

2 EL Rapsöl in einem Topf erhitzen und die Zwiebel darin glasig dünsten. Sauerkraut, Honig, Lorbeerblatt und Weißwein zufügen, aufkochen und zugedeckt ca. 30 Minuten köcheln lassen. Mit Cayennepfeffer würzen. Lorbeerblatt entfernen und die Weintrauben unter das Sauerkraut heben.

Restliches Rapsöl in einer Pfanne erhitzen. Seelachsfilets darin von jeder Seite anbraten.

Sauerkraut auf Teller geben und die Seelachsfilets darauf anrichten.

Lachs im Gemüsebett

Zutaten für 3 Personen:

- 3 Lachsfilets
- 2 Möhren
- 1 Zucchini
- 1 Stange Lauch
- ½ Bund frische Petersilie
- 100 g Creme fraiche Kräuter
- 2 EL Zitronensaft
- 100 ml Weißwein
- 200 ml Gemüsebrühe
- 2 - 3 EL Olivenöl
- 2 Msp. Safran
- 1 - 2 Prisen Zucker
- 1 - 2 Prisen Salz
- 2 - 3 Prisen Pfeffer

Zubereitung:

Lachsfilets waschen, trocken tupfen, mit Zitronensaft beträufeln und mit Salz und Pfeffer würzen. Möhren schälen und in feine Stifte schneiden. Zucchini waschen und in Scheiben schneiden. Lauch waschen, putzen und in Ringe schneiden. Petersilie waschen und fein hacken.

Olivenöl in einer Pfanne erhitzen und die Lachsfilets auf jeder Seite ca. 4 Minuten garen. Herausnehmen und warm stellen.

Im Bratfett das Gemüse kurz andünsten. Gemüsebrühe und Weißwein zufügen und zugedeckt ca. 10 Minuten garen. Creme fraiche und Petersilie unterheben. Mit Safran und Zucker abschmecken.

Gemüsebett auf Teller geben und die Lachsfilets darauf anrichten.

Rotbarsch mit Haube

Zutaten für 3 Personen:

- 300 g Rotbarschfilets
- 100 g Möhren
- ½ Bund frische Petersilie
- ½ Bund frischer Basilikum
- 100 g Bergkäse
- 1 Ei
- 1 EL Zitronensaft
- 1 - 2 Prisen Salz
- 2 Prisen Pfeffer
- Fett für die Form

Zubereitung:

Rotbarschfilets waschen, trocken tupfen, mit Zitronensaft beträufeln und mit Salz und Pfeffer würzen. Möhren schälen und fein reiben. Petersilie und Basilikum waschen und fein hacken. Bergkäse reiben.

Möhren, Petersilie, Basilikum, Käse und Ei vermischen.

Rotbarschfilets in eine gefettete Auflaufform geben. Möhrenmasse auf den Rotbarschfilets verteilen und im vorgeheizten Backofen bei 200 Grad ca. 20 Minuten überbacken.

Der traurige Kochlöffel

Wie jeden Tag fristete der kleine Kochlöffel sein Dasein in der Schublade. Er wartete darauf, endlich herausgenommen und benutzt zu werden. Er wünschte sich so sehr, einmal beim Kochen dabei zu sein.

Immer wieder fragte er sich: »Warum bin ich überhaupt gekauft worden, wenn ich nur nutzlos in der Schublade liege?« Leider bekam er keine Antwort auf seine Frage und wurde immer trauriger. Er wusste genau, was in ihm steckt und glaubte an seine Fähigkeiten. Er wollte endlich allen zeigen, dass er seinen Job in der Küche genauso gut wie die großen Kochlöffel meistern kann.

Die Zeit verging, aber an seinem Tagesablauf änderte sich nichts. Unglücklich lag er nach wie vor unbenutzt in der Schublade. Er hatte schon all seine Hoffnung aufgegeben, als er auf einmal eine ihm unbekannte Stimme hörte. Gespannt spitzte er seine Löffelohren.

»Hallo Frau Kunz. Danke, dass ich ab heute bei Ihnen zu Mittag essen darf.«

»Das ist doch selbstverständlich, Pia. Deine Mutter hat im Moment viel mit ihrer Arbeit zu tun. Schließlich musst du etwas Warmes in den Magen bekommen. Ich mache das wirklich gerne und zusammen schmeckt es doch viel besser«, erwiderte Frau Kunz.

»Darf ich Ihnen beim Kochen helfen? Meiner Mutter helfe ich auch immer. Also was soll ich tun?«

»Ich bin fast fertig. Das Essen muss nur noch etwas umgerührt werden. Nimm dazu meine Kelle. Dann kannst du noch etwas rühren, damit das Essen nicht anbrennt. Ich decke in der Zwischenzeit dann schon mal den Tisch.«

»Dieses Ding ist viel zu groß für meine kleine Hand. Haben sie nichts anderes?«, rief Pia Frau Kunz hinterher.

Diese drehte sich um und zuckte nur ratlos mit den Schultern. »Ich nehme immer nur die Kelle. Schau doch einfach in die Schublade. Vielleicht wirst du dort fündig.«

Da die Schublade einen Spalt weit offen stand, hatte der kleine Kochlöffel das Gespräch interessiert verfolgt. Noch bevor er sich Gedanken machen konnte, was als Nächstes passiert, wurde die Schublade ganz geöffnet. Am liebsten hätte er laut gepfiffen, damit Pia ihn sofort sieht.

Die Kleine warf einen prüfenden Blick in die Schublade. Noch bevor der kleine Kochlöffel wusste, was geschah, griffen kleine Kinderhände nach ihm.

»Der hier! Der ist genau richtig für mich«, rief Pia begeistert. »Der ist genau wie meiner zu Hause.«

Der kleine Kochlöffel konnte sein Glück kaum fassen, endlich die dunkle Schublade verlassen zu dürfen. Noch bevor er erahnen konnte, was als Nächstes passiert, ging es kopfüber in eine warme Masse. Die Kleine bewegte ihn nach Herzenslust im Kreis herum. Es kitzelte richtig und er sog dieses Gefühl wie ein Schwamm in sich auf. Glücksgefühle durchströmten ihn.

Und da Pia von nun an regelmäßig zum Essen kommen würde, konnte der kleine Kochlöffel sich sicher sein, auch weiterhin beweisen zu dürfen, was alles in ihm steckt. Die Begeisterung darüber, endlich nicht mehr nutzlos zu sein, machte ihn richtig glücklich.

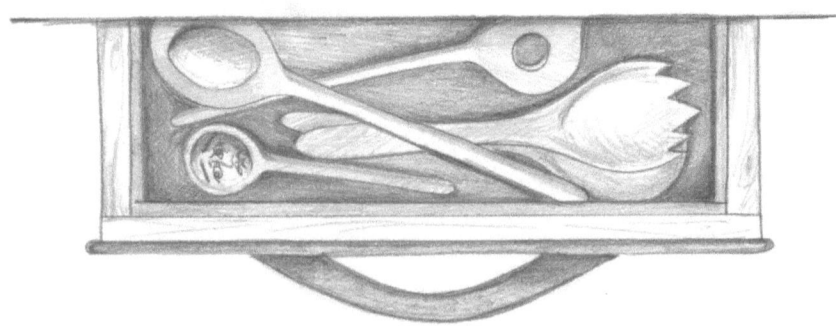

Kabeljau-Fenchel-Auflauf

Zutaten für 3 Personen:

- 300 g Kabeljaufilets
- 1 große Fenchelknolle
- 100 g Edamer
- 50 g Frischkäse
- 150 ml Milch
- 1 EL Zitronensaft
- 1 Ei
- 1 EL mittelscharfer Senf
- 1 EL Gemüsebrühe (instant)
- 1 EL Dill
- 1 - 2 Prisen Salz
- 2 - 3 Prisen schwarzer Pfeffer
- Fett für die Form

Zubereitung:

Fenchel waschen, putzen, in Scheiben schneiden. Wasser in einem Topf zum Kochen bringen, Gemüsebrühe darin auflösen und den Fenchel darin 8 - 10 Minuten garen. Dann herausnehmen und abtropfen lassen.

Kabeljaufilets waschen, trocken tupfen, mit Zitronensaft beträufeln und mit Salz und Pfeffer würzen.

Milch in einem Topf erhitzen und etwas abkühlen lassen. Dann Senf, Ei, Frischkäse und Dill unterheben und mit Salz und Pfeffer würzen. Edamer reiben.

Eine Auflaufform fetten. Kabeljaufilets und Fenchel hineinlegen. Milchmischung über den Auflauf gießen und mit Edamer bestreuen. Im vorgeheizten Backofen bei 180 Grad ca. 30 - 40 Minuten überbacken.

Schollenfilet

Zutaten für 3 Personen:
- 3 Schollenfilets
- 2 Zwiebeln
- 4 Äpfel
- 1 Thymianzweig
- Zitronensaft
- 200 ml flüssige Sahne
- 2 EL Butter
- 4 EL Mehl
- 1 - 2 Prisen Salz
- 2 - 3 Prisen Pfeffer

Zubereitung:
Schollenfilets waschen, trocken tupfen, mit Zitronensaft beträufeln, mit Salz und Pfeffer würzen und von beiden Seiten im Mehl wenden. Zwiebeln schälen und in Ringe schneiden. Äpfel schälen, Kerngehäuse entfernen und in Würfel schneiden. Thymianblättchen vom Zweig zupfen.

Butter in einem Topf zerlassen. Zwiebeln und Äpfel darin andünsten. Sahne und Thymian zugeben und einkochen lassen. Mit Salz und Pfeffer würzen.

Butter in einer Pfanne zerlassen und die Schollenfilets darin ca. 3 - 4 Minuten braten.

Apfel-Zwiebelmasse auf Teller geben und die Schollenfilets darauf anrichten.

Lachs-Champignon-Suppe

Zutaten für 3 Personen:

♦ 150 g Räucherlachs
♦ 100 g weiße Champignons
♦ 100 g braune Champignons
♦ 50 Zwiebeln
♦ 2 EL frische Schnittlauchröllchen
♦ 100 ml flüssige Sahne
♦ 300 ml Fischfond
♦ 2 EL Olivenöl
♦ ½ TL Salz
♦ 2 - 3 Prisen schwarzer Pfeffer

Zubereitung:

Räucherlachs in Würfel schneiden. Champignons putzen und in Scheiben schneiden. Zwiebeln schälen und fein hacken.

Olivenöl in einem Topf erhitzen und die Champignons sowie Zwiebeln darin andünsten.

Fischfond sowie Sahne zufügen, aufkochen und bei mittlerer Hitze ca. 10 Minuten köcheln lassen. Dann die Suppe pürieren und mit Salz sowie Pfeffer würzen.

Räucherlachs zufügen und gar ziehen lassen, nicht mehr kochen.

Die Suppe in Teller füllen und mit Schnittlauchröllchen bestreut servieren.

Ein bisschen Spaß darf sein

Im Restaurant: »Nun, wie hat Ihnen das Steak gemundet?«
»Erstklassig und ich sage das als Fachmann!«
»AAhh, der Herr ist Metzger?«
»Nein, Schuhmacher.«

Treffen sich der dicke Klaus und der dünne Uwe.
Sagt Klaus: »Wenn man dich so ansieht, könnte man meinen, es wäre eine
Hungersnot ausgebrochen!«
Sagt Uwe: »Wenn man dich so sieht, könnte man meinen, du wärst schuld
daran!«

Sagt der Gast zum Kellner: »Herr Ober! In meiner Suppe schwimmt eine
Fliege!«
Entgegnet der Ober: »Nicht mehr lange, sehen Sie nicht die Spinne am
Tellerrand?«

»Sind Ihnen unsere Schnecken schon bekannt?«, fragt der Ober den Gast.
»O ja, gewiss, erst gestern wurde ich von einer bedient!«

Die letzten Worte eines Pilzessers:
»Diese Art ist mir neu.«

Süße Verführung

Diese Köstlichkeiten sind eine Sünde wert

Orangen-Kiwi-Dessert

Zutaten für 3 Personen:

- 1 Orange
- 1 Apfel
- 2 Kiwis
- 30 g Rosinen
- 150 g Joghurt
- 80 ml flüssige Sahne
- 1 EL Zitronensaft
- 1 EL flüssiger Honig

Zubereitung:

Orange schälen, filetieren und in kleine Stücke schneiden. Apfel waschen, Kerngehäuse entfernen und in Würfel schneiden. Kiwis schälen und in dünne Scheiben schneiden. Rosinen in heißem Wasser waschen und trocken reiben.

Orange, Apfel und Rosinen mit Joghurt vermengen. Mit Zitronensaft und Honig abschmecken. Sahne steif schlagen, unter die Joghurtmischung heben und in Gläser anrichten. Mit Kiwischeiben garniert servieren.

Hirsedessert

Zutaten für 3 Personen:

- 100 g Hirse
- 1 Orange
- 1 vollreife Banane
- 50 g gehackte Nüsse
- 150 ml flüssige Sahne
- 2 EL flüssiger Honig
- 1 - 2 Prise Zimt
- 1 EL Zitronensaft

Zubereitung:

Hirse kurz mit heißem Wasser abspülen. Wasser zum Kochen bringen und die Hirse bei geringer Wärmezufuhr ca. 25 - 30 Minuten quellen lassen. Anschließend abkühlen lassen.

Orange schälen und filetieren. Banane zerdrücken, mit Honig, gehackte Nüsse, Zimt und Zitronensaft unter die abgekühlte Hirsemischung geben. Sahne steif schlagen und auch unter die Hirsemischung heben. In Glasschalen anrichten und mit Orangen-spalten garniert servieren.

»Der Horizont der Küche hat keine Grenzen,
die Unendlichkeit ist ihr Reich.«
(Eugen von Vaerst)

Süßer Genuss

Obst, Sahne, Zucker.
Das sind fürs Auge Hingucker.
Süße Verführungen,
der Magen lacht,
wie für uns gemacht.
Auch wenn der Zahnarzt sagt: »Das ist nicht toll!«,
egal,
so eine Köstlichkeit ist einfach nur prachtvoll.

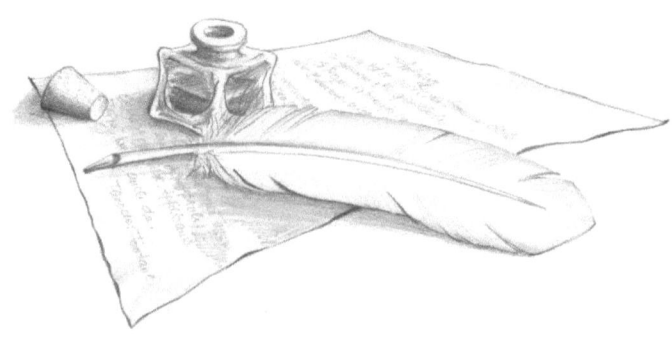

Ananastraum

Zutaten für 3 Personen:
- 2 reife Babyananas
- 1 TL Speisestärke
- 1 - 2 Likörgläser Rum
- 2 - 3 EL Zucker
- 1 Packung Vanilleeis

Zubereitung:

Babyananas längs durchschneiden, den holzigen Kern herauslösen, Fruchtfleisch herausschneiden und würfeln. 3 ausgehöhlte Ananashälften in den Kühlschrank legen.

Ananaswürfel mit Zucker bestreuen und kurz in einem Topf dünsten. Speisestärke anrühren, zu den Ananaswürfeln geben und damit binden. Mit Rum abschmecken.

Ananashälften aus dem Kühlschrank nehmen. Aus dem Vanilleeis Kugeln ausstechen, in den Ananashälften verteilen und das noch warme Kompott darüber geben.

Schokoverführung

Zutaten für 3 Personen:
- 50 g Vollmilchschokolade
- 50 g Zartbitterschokolade
- 1 EL gehackte Pistazien
- 100 g Creme fraiche
- 50 ml flüssige Sahne
- 2 Eiweiß
- 50 g Zucker

Zubereitung:
Vollmilch- und Zartbitterschokolade über Wasserdampf schmelzen lassen.

Eiweiß unter Zugabe der Hälfte des Zuckers steif schlagen. Creme fraiche, restlicher Zucker und aufgelöste Schokolade gut miteinander vermengen. Dann vorsichtig unter das Eiweiß heben.

In Gläser einfüllen und mindestens 2 Stunden im Kühlschrank fest werden lassen. Vor dem Servieren die Sahne steif schlagen, in einen Spritzbeutel füllen und jeweils einen Klecks auf die Schokolade geben. Mit gehackten Pistazien garniert servieren.

»Solange Kakaobohnen an Bäumen wachsen
ist Schokolade auch Obst! «
(Quelle unbekannt)

Göttliche Mandarinen

Zutaten für 3 Personen:
- 1 kleine Dose Mandarinen
- 1 EL Schokoladenstreusel
- 2 EL Mandelstifte
- 50 ml Mandellikör
- 1 Päckchen Götterspeise Zitronengeschmack
- 80 ml flüssige Sahne
- 80 g Zucker

Zubereitung:

Mandarinen in einem Sieb abtropfen lassen, dabei den Saft auffangen.

Hälfte der Götterspeise unter Zugabe von jeweils halber Menge Mandarinensaft und halber Menge Likör nach Packungsangabe zubereiten. Hälfte des Zuckers zugeben und so lange Rühren, bis er sich aufgelöst hat.

Einige Mandarinen in 3 Dessertgläser verteilen. Gläser bis zur Hälfte mit Götterspeise füllen und ca. 1½ Stunden kalt stellen, bis die Masse leicht erstarrt ist.

Übrige Mandarinen, bis auf 6 Stück zum Verzieren, in die Gläser geben. Restliche Götterspeise mit dem noch übrigen Mandarinensaft, Likör und Zucker wie zuvor zubereiten. Dann in die Gläser füllen und ca. 4 Stunden kalt stellen.

Die Sahne steif schlagen und in einen Spritzbeutel geben. Sahnetupfer auf die Götterspeise spritzen und mit den restlichen Mandarinen, Schokoladenstreusel und Mandelstifte garniert servieren.

Pfirsich-Creme

Zutaten für 3 Personen:

- 400 g Pfirsiche, halbe Frucht (Dose)
- 1 Ei
- 100 g Joghurt
- 80 g Mascarpone
- 6 Löffelbiskuit
- 20 g Puderzucker
- 1 EL gehackte Pistazien
- 2 EL Cointreau
- 2 EL Pfirsichsaft
- ½ EL Zitronensaft
- 3 Blatt weiße Gelatine

Zubereitung:

Pfirsiche in einem Sieb abtropfen lassen, dabei etwas Saft auffangen. Die Pfirsichhälften, bis auf 3 zum Garnieren, pürieren. Ei trennen.

Eigelb mit Puderzucker cremig schlagen. Joghurt, Mascarpone und Pfirsichpüree unterheben. Pfirsichsaft, Zitronensaft und gehackte Pistazien zufügen und glatt rühren.

Gelatine nach Packungsanweisung zubereiten, unter die Masse rühren und kalt stellen, bis sie zu gelieren beginnt. Eiweiß steif schlagen und vorsichtig unter die gelierte Masse heben. Löffelbiskuit zerkleinern, in 3 Cocktailgläser geben und mit Cointreau beträufeln. Die Creme darüber verteilen und wieder kalt stellen, bis sie ganz fest ist. Die restlichen Pfirsichhälften in Würfel schneiden und die Creme damit garniert servieren.

Küchengeister

Kennt ihr Küchengeister? Nein, aber es gibt sie wirklich, auch in eurer Küche.

Diese kleinen Gespenster schweben auf leisen Sohlen durch die Küche. Es gibt gute sowie schlechte und gerne treiben sie Scherze mit uns.

Denkt mal darüber nach. Ihr habt euch beim Kochen genau an das Rezept gehalten und es hat trotzdem nicht geklappt. Die Haare stehen euch zu Berge. Ihr ärgert euch und könnt einfach nicht verstehen, warum euer Essen misslungen ist. Die Gäste meckern, weil der Bauch nicht gefüllt wird. Schon einmal drüber nachgedacht, dass euch diese kleinen Spukgestalten ärgern wollten, warum auch immer. Könnte gut sein.

Und dann sind da natürlich noch die guten Geister, die alles in ihrer Macht stehende tun, damit euer Essen gelingt. Sie greifen euch helfend unter die Arme, ohne dass ihr es merkt, und genießen es in vollen Zügen, wenn ihr für euren Gaumenschmaus gelobt werdet.

Also redet euch nicht ein, dass euch das Kochen nicht liegt und ihr Versager am Herd seid. Jeder kann kochen. Es liegt nur an den kleinen Tunichtguten, die euch gerne mal das Leben schwer machen. Daran müsst ihr immer denken. Euch trifft wirklich keinerlei Schuld. Also lasst euch die Freude am Kochen nicht nehmen. Schließlich zählen Essen und Trinken zu den schönsten Nebenbeschäftigungen der Welt.

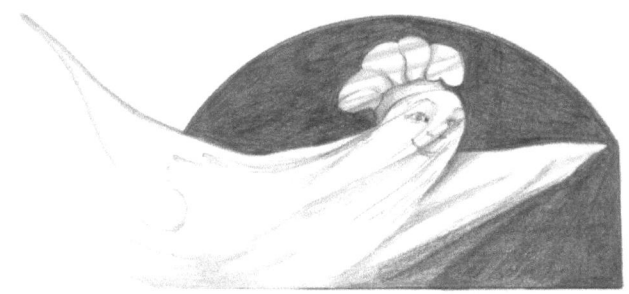

Kirsch-Pfannkuchenröllchen

Zutaten für 3 Personen:

- Pfannkuchen:
- 50 g Vollkornmehl
- 25 g gemahlene Hirse
- 1 Ei
- 125 ml Milch
- 50 ml Mineralwasser
- 2 - 3 EL Olivenöl
- 1 Prise Salz

- Füllung:
- 200 g entsteinte Kirschen (Glas)
- 200 g Ricotta
- 50 g Mandelblättchen
- 1 EL Maisstärke
- 1 EL flüssiger Honig
- 1 - 2 EL Puderzucker

Zubereitung:

Ei trennen. Mehl mit Eigelb, Hirse und Milch zu einem glatten Teig verrühren. Mit Salz abschmecken. Mineralwasser zufügen (Der Teig sollte nicht zu dick sein, damit er sich in der Pfanne ausstreichen lässt). Eiweiß steif schlagen und vorsichtig unterheben. Olivenöl in einer Pfanne erhitzen und nacheinander 3 dünne Pfannkuchen backen. Die fertigen Pfannkuchen auf ein Küchentuch legen.

Kirschen mit Saft in einen Topf geben, Maisstärke einrühren und zum Kochen bringen. So lange Rühren, bis die Kirschen eingedickt sind. Dann Ricotta, Mandelblättchen und Honig unter die Kirschen heben.

Kirsch-Ricottacreme auf die Pfannkuchen verteilen, zusammenrollen und mit Puderzucker bestäubt servieren.

Trauben-Mandarinen-Creme

Zutaten für 3 Personen:

- 200 g kernlose blaue Weintrauben
- 1 kleine Dose Mandarinen
- 100 g Quark
- 100 g Mascarpone
- 50 g Vanillejoghurt
- 2 EL Zucker
- 1 EL Zitronensaft

Zubereitung:

Weintrauben waschen, und bis auf 9 Stück zum Garnieren, halbieren. Mandarinen in einem Sieb abtropfen lassen.

Quark, Mascarpone, Vanillejoghurt, Zucker und Zitronensaft vermengen. Weintrauben und Mandarinen unterheben. In Gläser anrichten und mit den restlichen Weintrauben garniert servieren.

»Essen und Trinken - das steht für Freude am Leben.«
(Helmut Kohl)

Erdbeer-Vanille-Mousse

Zutaten für 3 Personen:

- 300 g Erdbeeren
- 100 g Vanillejoghurt
- 80 g Schokoladenstreusel
- 2 EL Orangensaft
- 100 ml flüssige Sahne
- 50 g Zucker
- 3 Blatt weiße Gelatine

Zubereitung:

Erdbeeren waschen und säubern. 6 Stück zum Garnieren beiseite legen. Restliche Erdbeeren mit Orangensaft, Joghurt und Zucker pürieren.

Gelatine nach Packungsanweisung zubereiten, unter die Masse rühren und kalt stellen, bis die Masse zu gelieren beginnt. Sahne steif schlagen und vorsichtig unter die gelierte Masse ziehen. Die Mousse in Schälchen verteilen und wieder kalt stellen, bis sie ganz fest ist.

Die restlichen Erdbeeren halbieren. Die Mousse mit den Erdbeer-hälften und Schokoladenstreusel garniert servieren.

Himbeer-Baiser

<u>Zutaten für 3 Personen:</u>
- ♦ ½ Paket Baiser
- ♦ 150 g Himbeeren
- ♦ 100 g Quark
- ♦ 100 g Mascarpone
- ♦ 50 ml flüssige Sahne
- ♦ 1 EL Orangensaft

<u>Zubereitung:</u>

Baiser zerkrümeln und mit dem Orangensaft beträufeln. Himbeeren waschen. Sahne steif schlagen.

Quark mit Mascarpone verrühren. Himbeeren, bis auf 6 Stück zum Garnieren, unterheben. Sahne steif schlagen.

Abwechselnd Himbeerquark, Baiser, Himbeerquark und Baiser in Cocktailgläser schichten. Mit einem Klecks Sahne und den restlichen Himbeeren garniert servieren.

Johannisbeerverführung

Zutaten für 3 Personen:
- 200 g rote Johannisbeeren
- 200 g weiße Johannisbeeren
- 12 Löffelbiskuits
- 200 g Joghurt
- 200 g Mascarpone
- 80 g Schokoladenstreusel
- 1 Päckchen Vanillezucker

Zubereitung:
Löffelbiskuit zerbröseln und in 3 Gläser verteilen. Johannisbeeren waschen.

Die Hälfte der Johannisbeeren mit Vanillezucker pürieren. Dieses Püree über die Brösel verteilen.

Joghurt mit Mascarpone vermischen. Die restlichen Johannisbeeren unterheben. Joghurtmasse auf das Püree geben und mit Schokoladenstreusel garniert servieren.

»Essen und Trinken sind zwei Tätigkeiten,
die den Menschen auch ohne Arbeit voll
ausfüllen können.«
(Quelle unbekannt)

Mascarpone-Creme

Zutaten für 3 Personen:

♦ 2 Bananen
♦ 150 g Zartbitterschokolade
♦ 200 g Mascarpone
♦ 100 ml flüssige Sahne
♦ 2 TL Vanillezucker

Zubereitung:

Zartbitterschokolade über Wasserdampf schmelzen lassen. Mascarpone mit Vanillezucker cremig rühren. Sahne steif schlagen und unter die Mascarpone heben. Bananen schälen und in Scheiben schneiden.

Schichtweise in Gläser füllen. Zuerst Mascarponecreme, danach Bananenscheiben und darauf die geschmolzene Schokolade. Alles wiederholen, bis die Zutaten aufgebraucht sind. Den Abschluss sollte Schokolade bilden. Im Kühlschrank ca. 1 - 2 Stunden fest werden lassen.

Quark-Kirschen

Zutaten für 3 Personen

- 250 g Quark
- 150 ml flüssige Sahne
- 200 g entsteinte Kirschen (Glas)
- 2 EL Milch
- 2 EL Zucker
- 50 g Schokoladenstreusel

Zubereitung:

Kirschen in einem Sieb abtropfen lassen. Quark mit Zucker und Milch verrühren. Sahne steif schlagen und unter den Quark mischen.

Schichtweise in Gläser füllen. Zuerst Quarkmischung, danach Kirschen und darauf wieder die Quarkmischung. Alles wiederholen bis die Zutaten aufgebraucht sind. Den Abschluss sollte eine Quarkschicht bilden. Mit Schokoladenstreusel garniert servieren.

Heidelbeer-Vanille-Pudding

Zutaten für 3 Personen:
- 125 g Heidelbeeren
- 1 Zitrone
- 250 g Magerquark
- 125 g Vanillepudding
- 1 EL flüssiger Honig

Zubereitung:

Heidelbeeren verlesen, waschen und gut abtropfen lassen. Zitrone auspressen und dann mit Magerquark, Vanillepudding und Honig verrühren.

Heidelbeeren, bis auf einige zum Garnieren unter den Quark-Vanillepudding geben. In Dessertschälchen anrichten und mit den restlichen Heidelbeeren garniert servieren.

»Vitamine sind gesund.
Kalorien schmecken besser!«
(Quelle unbekannt)

Honig-Schoko-Rollen

Zutaten für 3 Personen:

- 250g Weizenmehl
- 4 Eier
- 1 EL Kakaopulver
- 2 EL flüssiger Ahornsirup
- 500 ml Milch
- 1 Prise Salz
- 2 - 3 EL Sonnenblumenöl

Zubereitung:

Mehl, Eier, Salz, Kakaopulver und Milch zu einem dünnflüssigen Teig verrühren.

Sonnenblumenöl in einer Pfanne erhitzen und darin nacheinander dünne Pfannkuchen ausbacken.

Auf Küchenpapier abtropfen lassen.

Diese dann mit Ahornsirup bestreichen und zusammenrollen.

»Wer den Tag mit einem Lachen beginnt, hat ihn bereits gewonnen.«
(Tschechisches Sprichwort)

»Was macht die Fliege in meiner Suppe?«
Der aufmerksame Kellner beugt sich vor.
»Sieht von hier wie Rückenschwimmen aus, nicht wahr?«

Kellner zum Gast: »Haben Sie Barsch bestellt?«
Gast: »Nein, ich war ganz höflich.«

»Angeklagter, Sie behaupten also, Sie hätten Herrn Müller nur Tomaten an den Kopf geworfen«, sagt der Richter.
»Wie erklären Sie sich dann die Platzwunde und die große Beule an seinem Kopf?«
»Ganz einfach, Herr Richter, die Tomaten waren noch in der Dose.«

Mäxchen beim Frühstück: »Mami, das Ei schmeckt mir nicht.«
»Sei ruhig und iss, man meckert nicht am Essen herum.«
Nach einiger Zeit: »Mami, muss ich den Schnabel auch essen?«

Rezeptidee aus
„Vegetarischer Genuss - Quer Beet"

Buchbeschreibung:
Von wegen, vegetarisches Essen ist langweilig. Überzeugen Sie sich selbst, wie vielfältig und interessant diese gesunde und immer beliebter werdende Ernährungsform sein kann.
Wie der Name „Vegetarischer Genuss – Quer Beet" schon verrät, finden Sie hier abwechslungsreiche Rezepte für jeden Geschmack.
Also haben Sie Mut und lassen sich auf eine köstliche Reise ein, die einen großen Reiz hat und mal andere Geschmackserlebnisse bietet.
Ein Muss für Freunde der vegetarischen Küche und für die, die einfach mal gerne einen fleischlosen Tag einlegen wollen.
Als besonderes Bonbon gibt es eine literarische Vorspeise. Und gelacht werden darf auch.
Guten Appetit!

Taschenbuch: 228 Seiten
Verlag: Books on Demand
ISBN-13: 978-3748167662
Auch als E-Book erhältlich!

Mango-Suppe

Zutaten für 1 Person:

- 150 g Mango (reife Frucht)
- 100 g Möhren
- 1 rote Paprika
- 1 TL flüssiger Honig
- 2 - 3 EL flüssige Sahne
- 2 EL Creme fraiche
- 1 TL Zitronensaft
- 200 ml Gemüsebrühe
- 2 - 3 EL Olivenöl
- 1 TL Kokosflocken
- ½ TL Ingwerpulver
- 2 EL Currypulver
- ½ TL Salz
- 1 - 2 Prisen schwarzer Pfeffer

Zubereitung:

Mango schälen, das Fruchtfleisch vom Kern entfernen und in kleine Stücke schneiden. Möhren schälen und in dünne Scheiben schneiden. Paprika schälen, Kerngehäuse entfernen und die Paprika dann in kleine Würfel schneiden.

Olivenöl in einem Topf erhitzen. Möhren sowie Paprika zufügen, mit 1 EL Currypulver bestäuben und anschwitzen. Gemüsebrühe, Sahne, Creme fraiche sowie Mango zugeben und aufkochen. Mit dem restlichen Currypulver, Ingwerpulver, Salz und Pfeffer würzen. Bei mittlerer Hitze zugedeckt ca. 10 - 15 Minuten köcheln lassen, dann pürieren. Mit Zitronensaft sowie Honig abschmecken und Kokosflocken bestreuen.

Rezeptidee aus „Vegetarische Weltreise"

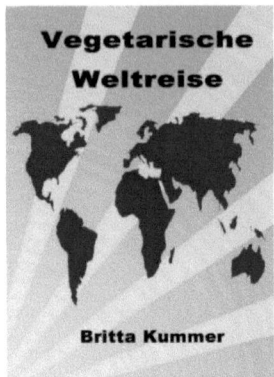

Buchbeschreibung:

„Einmal um die ganze Welt", besang schon Karel Gott. Warum sich also nicht mal auf eine kulinarische Reise begeben?

„Vegetarische Weltreise" lädt Sie dazu ein, auf die Teller anderer Nationen zu schauen und die Welt vom Gaumen her kennenzulernen. Also haben Sie Mut und lassen sich auf eine köstliche Reise ein, die Abwechslung und besondere Geschmackserlebnisse bietet.

Auch Nicht-Vegetarier werden hier etwas Schmackhaftes finden. Denn es steht völlig außer Frage, dass man auch ohne Fleisch genießen kann.

Als besonderes Bonbon gibt es einen literarischen Nachtisch.

Guten Appetit!

Taschenbuch: 84 Seiten
Verlag: Books on Demand
ISBN-13: 978-3752839159
Auch als E-Book erhältlich!

Pistazien-Orangen Suppe aus dem Iran

Zutaten für 2 Personen:

- 6 - 8 Frühlingszwiebeln
- 100 g Pistazien (geschält)
- 1 Orange
- 100 ml Orangensaft
- 200 ml Gemüsebrühe
- 1 Msp. Ingwerpulver
- 1 - 2 Prisen Salz
- 2 - 3 Prisen schwarzer Pfeffer

Zubereitung:

Frühlingszwiebeln putzen und in Ringe schneiden. Pistazien fein hacken. Orange schälen, darauf achten, dass die weiße Haut komplett entfernt wird und dann filetieren.

Pistazien ohne Zugabe von Fett in einer Pfanne rösten. Dabei ständig rühren, damit sie nicht anbrennen. Wenn sie Farbe annehmen, in eine Schüssel geben und beiseite stellen.

Gemüsebrühe in einem Topf zum Kochen bringen. Frühlingszwiebeln, Pistazien sowie Ingwerpulver zufügen und bei schwacher Hitze ca. 10 Minuten köcheln lassen. Orangensaft zufügen, mit Salz sowie Pfeffer würzen und ca. 5 Minuten ziehen lassen.

Suppe in Teller füllen und mit Orangenfilets bestreut servieren.

Rezeptidee aus
„Vegetarisch für die ganze Familie"

Buchbeschreibung:
Bei „Vegetarisch für die ganze Familie" kommt, wie der Name schon verrät, jeder auf seine Kosten – egal ob Groß oder Klein.
Es wird süß, pikant, orientalisch, kohlenhydratarm und …
Rezepte, um Familie und Freunde kulinarisch zu verwöhnen. Und auch für Kinder sind leckere Gerichte dabei.
Eine Speisekarte voller Köstlichkeiten. Haben Sie jedoch keine Angst davor, kreativ zu sein und das eine oder andere Rezept je nach Geschmack zu variieren. Es heißt schließlich: Die Königin des Kochens ist die Fantasie!
Ein Muss für Freunde der vegetarischen Küche und für die, die einfach mal gerne einen fleischlosen Tag einlegen wollen.
Und als zusätzliches Extra gibt es noch einen literarischen Nachtisch.
Guten Appetit!

Taschenbuch: 180 Seiten
Verlag: Books on Demand
ISBN-13: 978-3744893442
Auch als E-Book erhältlich!

Mairüben-Kartoffel-Eintopf

Zutaten für 2 Personen:
- 4 Mairüben
- 4 Kartoffeln
- 1 Stange Lauch
- 1 Zwiebel
- 3 EL saure Sahne
- 300 ml Gemüsebrühe
- 2 EL Butter
- ½ TL Majoran
- 2 - 3 Prisen Paprikapulver (süß)
- 1 Prise Zucker
- 2 - 3 Prisen Kräutersalz
- 2 - 3 Prisen Pfeffer

Zubereitung:

Mairüben schälen und würfeln. Kartoffeln schälen, waschen und würfeln. Lauch putzen und in Ringe schneiden. Zwiebel schälen und fein hacken.

Butter in einem Topf erhitzen und die Zwiebel darin anschwitzen.

Gemüsebrühe und Kartoffeln zufügen, aufkochen und bei mittlerer Hitze ca. 10 - 15 Minuten köcheln lassen.

Mairüben sowie saure Sahne zufügen, mit Majoran, Paprikapulver, Zucker, Kräutersalz sowie Pfeffer würzen und weitere 10 Minuten köcheln lassen.

Rezeptidee aus „Kummers Ofengerichte"

Buchbeschreibung:
Heiß, duftend und mit einer leckeren Kruste oben drauf! Wer kann da schon „NEIN" sagen?
Aufläufe und Gratins erfreuen sich sehr großer Beliebtheit. Sie sind überaus vielseitig und eignen sich hervorragend zur Resteverwertung.
Einfach alles, was Ihnen schmeckt in eine Auflaufform geben, Ei oder Käse darüber, fertig! Man kann jedes Gericht schnell zubereiten und die meiste Arbeit übernimmt der Ofen. Hierbei werden der Kochfantasie und Experimentierfreudigkeit keine Grenzen gesetzt.
Die Rezepte in „Kummers Ofengerichte" sind gut beschrieben, die Zutaten erschwinglich, in jedem gut sortierten Einkaufsmarkt zu erwerben und leicht nachzukochen.
Und damit es beim Kochen nicht langweilig wird, gibt es noch eine literarische Nachspeise.
Guten Appetit!

Taschenbuch: 88 Seiten
Verlag: Books on Demand
ISBN-13: 978-3743141254
Auch als E-Book erhältlich!

Romanesco-Tofu-Auflauf

Zutaten für 2 Personen:

- 250 g Romanesco
- 150 g Räuchertofu
- ½ Bund frische gehackte Petersilie
- 100 g geriebener Bergkäse
- 150 g Schmand
- 2 EL Milch
- 2 EL Olivenöl
- 2 EL Butter
- 1 TL Gemüsebrühe (Instant)
- 1 - 2 Prisen Salz
- 2 - 3 Prisen schwarzer Pfeffer

Zubereitung:

Romanesco putzen, waschen und in Röschen teilen. Dann die Gemüsebrühe in kochendem Wasser auflösen und die Romanescoröschen darin vorgaren. Räuchertofu in mundgerechte Stücke schneiden.

Olivenöl in einer Pfanne erhitzen und den Tofu darin scharf anbraten.

Schmand, Milch, Bergkäse sowie Petersilie vermengen und mit Salz sowie Pfeffer würzen.

Romanesco und Tofu in einer gebutterten Auflaufform verteilen. Schmandmischung darüber geben und im vorgeheizten Backofen bei 180 Grad ca. 30 Minuten überbacken.

Rezeptidee aus „Köstlich Vegetarisch – Meine Lieblingsrezepte"

Buchbeschreibung:
In diesem Kochbuch hat die Autorin Rezepte zusammengestellt, die bei ihr ganz oben auf der Speisekarte stehen.
Vegetarische Gerichte, die auch Freunde und Familie überzeugt haben, obwohl diese nicht alle Vegetarier sind.
Über Salat, Suppen und Eintöpfe, Snacks und Fingerfood, Gemüse, Nudeln, Ofengerichte und Süßes ist alles dabei.
Also lassen Sie sich inspirieren und probieren es aus, denn vegetarisches Essen ist keineswegs langweilig.
Viel Spaß beim Nachkochen und guten Appetit.

Taschenbuch: 84 Seiten
Verlag: Books on Demand
ISBN-13: 978-3751993821
Auch als E-Book erhältlich!

Radicchio-Weintrauben-Salat

Zutaten für 2 Personen für den Salat:
- 200 g Radicchio
- 100 g kleine kernlose Weintrauben
- 2 EL geriebener Parmesan
- 100 g Mandelstifte

Zutaten für das Dressing:
- 2 EL Walnussöl
- 1 EL Himbeeressig
- 1 EL Senf (süß)
- 1 EL Zitronensaft
- 2 - 3 Prisen Pfeffer

Zubereitung:
Radicchio waschen, putzen und in mundgerechte Stücke schneiden. Weintrauben waschen.

Radicchio, Weintrauben und Mandelstifte in einer Schüssel vermengen.

Zutaten für das Dressing verrühren, über den Salat geben und diesen ca. 15 Minuten ziehen lassen.

Salat auf Teller anrichten und mit Parmesan bestreut servieren.

Rezeptidee aus „Kummers Suppentöpfchen"

Buchbeschreibung:
Suppen und Eintöpfe machen satt und schmecken über das ganze Jahr.
Sie sind so vielfältig. Hier werden der Kochfantasie keine Grenzen gesetzt und man kann sprichwörtlich "sein eigenes Süppchen" kochen!
In Kummers Suppentöpfchen warten abwechslungsreiche Rezepte, mal vegetarisch oder mit Fisch, darauf, von Ihnen nachgekocht und ausgelöffelt zu werden.
Diese wurden alle am heimischen Herd ausprobiert. Aber scheuen Sie sich nicht, kreativ zu sein und die Gerichte ganz nach Ihrem Geschmack zu variieren. Schließlich heißt es: Die Königin der Kochrezepte ist die Fantasie.
Zu diesen Köstlichkeiten hätte der Suppenkasper mit Sicherheit nicht "Nein" gesagt.
Und damit es beim Kochen nicht langweilig wird, werden die Rezepte von einer literarischen Vorspeise sowie Witzen begleitet.
Guten Appetit!

Taschenbuch: 84 Seiten
Verlag: BoD - Books on Demand
ISBN-13: 978-3738611243
Auch als E-Book erhältlich!

Kohlrabi-Möhren-Suppe

Zutaten für 3 Personen:
150 g Kohlrabi
150 g Möhren
2 EL frisch gehackte Petersilie
2 EL Butter
2 EL Creme fraiche
100 ml Weißwein
300 ml Gemüsebrühe
1 TL Currypulver
1 - 2 Prisen Salz
2 - 3 Prisen Pfeffer

Zubereitung:
Kohlrabi sowie Möhren schälen und in Würfel schneiden.

Butter in einem Topf erhitzen. Möhren zufügen, mit Currypulver bestäuben und darin anschwitzen.

Gemüsebrühe, Weißwein sowie Kohlrabi zufügen, aufkochen und bei schwacher Hitze 15 Minuten köcheln lassen. Creme fraiche zufügen, die Suppe dann pürieren und mit Salz sowie Pfeffer würzen.

Suppe in Teller füllen und mit Petersilie bestreut servieren.

Rezeptidee aus „Vegetarisch für Jedermann"

Buchbeschreibung:
Sie haben Lust auf fleischlose Kost? Dann sind sie bei „Vegetarisch für Jedermann" genau richtig.
Die vegetarische Küche liegt nach zahlreichen Lebensmittelskandalen voll im Trend, denn immer mehr Menschen möchten sich gesünder ernähren und auf Fleisch, aber nicht auf Genuss verzichten.
In diesem Kochbuch laden schmackhafte und unkomplizierte Rezepte zum Nachkochen ein. Leckere Gerichte für jeden Geschmack, die Abwechslung auf den Teller bringen und kein zu großes Loch in die Haushaltskasse reißen. Auch leidenschaftliche Fleischesser werden hier etwas Schmackhaftes finden. Denn es steht völlig außer Frage, dass man auch ohne Fleisch genießen kann.
Guten Appetit!

Kindle Edition
ASIN: B079YGP512

Honig-Dip

Zutaten für 2 Personen:

- 1 Knoblauchzehe
- 1 Chilischote
- 1 EL frisch gehackte Petersilie
- 1 EL frische Schnittlauchröllchen
- 1 EL frisch gehackte Zitronenmelisse
- 3 EL flüssiger Honig
- 2 EL Tomatenketchup
- 1 TL Balsamico Essig
- 1 - 2 Spritzer Sambal Oelek
- ½ TL Currypulver
- 1 Prise Salz
- 1 - 2 Prisen Chilipulver

Zubereitung:

Knoblauchzehe schälen, fein hacken und mit Sambal Oelek beträufeln. Chilischote waschen, längs aufschneiden, entkernen und in sehr kleine Würfel schneiden.

Honig mit Tomatenketchup und Balsamico verrühren. Kräuter, Knoblauch sowie Chili zufügen und gut miteinander vermischen. Mit Currypulver, Salz und Chilipulver abschmecken.

Rezeptidee aus
„Zauberhafte Gerichte aus der Koboldküche"

Buchbeschreibung:
Was steht wohl bei einem Kobold alles auf dem Speiseplan?
Nepomuck gewährt Einblick in seine Küche und verrät so manches bisher
geheim gehaltene Rezept.
Die Gerichte sind ein wahrer Gaumenschmaus.
Darüber hinaus hält das Büchlein noch ein paar Überraschungen parat.
Nepomuck wünscht gutes Gelingen und ganz viel Spaß!

Taschenbuch: 100 Seiten
Verlag: Books on Demand
ISBN-13: 978-3735792150
Auch als E-Book erhältlich!

Kirschsuppe

Zutaten für 4 Personen:
- 1 kg Süßkirschen
- 1 kg Sauerkirschen
- 2 Liter Wasser
- 4 EL Zucker

Für die Klöße:
- 3 zerquirlte Eier
- 1 EL Zucker
- ¼ Liter Milch
- 100 g Mehl
- 50 g Speisestärke (Mondamin)
- 30 g Butter

Zubereitung:

Entsteinte Kirschen, Wasser und Zucker in einen großen Kochtopf geben und etwa 10 bis 15 Minuten kochen lassen.

Die Zutaten für die Klöße zu einem glatten Teig verquirlen und in der Butter in einer breiten Pfanne unter ständigem Rühren fest werden lassen, bis er die Festigkeit eines Omeletts hat. Dann mit einem Esslöffel Teig aus der Pfanne portionsweise abstechen und in die kochende Suppe geben.

Alles so lange kochen lassen, bis die Klöße gar sind und an die Oberfläche kommen.

Olivenöl aus Peloponnes

Reinstes, natürliches Olivenöl aus Griechenland - wunderbar zart und doch würzig im Geschmack

Olivenöl ist nicht immer Olivenöl
Leider gibt es viel Betrug mit Olivenöl. Gerade in Supermärkten wird oft Öl angeboten, das absolut nicht den Qualitäten entspricht, die da stehen. Laufend erscheinen Artikel in der Presse, die aufdecken, was denn da so alles gepanscht wird.

Für kein anderes Öl gelten so strenge Qualitätsvorschriften wie für Olivenöl; trotzdem stößt man bei Qualitätsüberprüfungen immer wieder auf Täuschungsmanöver. Der Kauf von Olivenöl ist eine absolute Vertrauenssache, insbesondere bei teuren Qualitätsölen. Ein hochwertiges Olivenöl hat eben seinen Preis.

Lebensmittel müssen hochwertig sein - so wie das Leben selbst.
Lebensmittel sollten wertvoll sein - so wie das Leben selbst für uns wertvoll sein sollte. In der unverfälschten Natur des Peloponnes stehen und gedeihen die Olivenbäume in einem eingezäunten Olivenhain ohne Chemie und anderen unnatürlichen Zusätzen. Geerntet wird von Hand, so wie vor Hunderten von Jahren. Nach der Mühle wird das naturtrübe Olivenöl in speziellen Olivenölkanistern nach Österreich gebracht. Hier werden sie in formschöne Flaschen gefüllt. Der Geschmack ist einzigartig und man spürt darin die Sonne, die Luft und das Meer Griechenlands.

Mehr Informationen finden Sie unter:
https://www.olivenoel-aus-griechenland.at/

Illustratorin Judith Beck-Meyer

Geboren 1958 in Frankfurt am Main-Hoechst in einer Lehrerfamilie zusammen mit noch 6 Geschwistern. Kunst und Hausmusik prägten den Alltag. Den Umzug von Frankfurt am Main nach Gaienhofen auf die Höri, in die malerische Seelandschaft des Bodensees, empfand die Künstlerin schon damals, als Achtjährige, wie den Einzug von Farbe in den Schwarz-Weiß Film.

Die Kunst im Dunstkreis der Hörikünstler war noch allgegenwärtig. Fruchtbare Kontakte mit noch lebenden Künstlern der Höri gaben wesentliche Impulse für den weiteren Lebensweg. Dem Abschluss der Fachhochschulreife folgte eine Ausbildung zur Glas- und Porzellanmalerin in Hessen.

Danach Kindererziehungs- und Familienzeit. Seit 1995 bis heute, begann konsequent die selbstständige künstlerische Arbeit. Landschaftsmalerei, zahlreiche Ausstellungen, Illustrationen für Kinder-bücher, Kursleitungen.

Heute arbeitet und lebt die Künstlerin in Radolfzell am Bodensee.

Weiter Informationen finden Sie unter:
http://www.beck-art.de/

Gastautor Frank Schmidt

Frank Schmidt wurde am 18.04.1964 in Bremerhaven geboren. Im selben Jahr zog die Familie nach Hohenlimburg, wo er heute noch lebt.

Von 1983 bis 2015 war Frank Schmidt als Journalist (Westfälische Rundschau, Westfalenpost, Wochenkurier) tätig, seit 2015 ist er Geschäftsführer der "Bürger für Hohenlimburg", für die er auch im Rat der Stadt Hagen tätig ist.

2006 erschien sein Buch »Hohenlimburger Anekdoten« beim Sutton-Verlag.

Seit 1998 Vorsitzender der Bürgervereinigung für die Selbstständigkeit Hohenlimburgs und seit 1999 Mitglied des Ensembles »Amateurtheater Mummpitz«.

Autorenprofil

Britta Kummer wurde 1970 in Hagen (NRW) geboren. Heute lebt sie im schönen Ennepetal und ist gelernte Versicherungskauffrau.

Die Freude am Schreiben hat sie im Jahre 2007 entdeckt und seit dieser Zeit bestimmt es ihr Leben. Es macht ihr einfach großen Spaß, sich auf diese Art und Weise auszudrücken.

Erst wurden ihre Werke im Bekanntenkreis herumgereicht und die Resonanz darauf war sehr positiv.

Es dauerte nicht lange und schon hielt sie ihr 1. Buch "Willkommen zu Hause, Amy" in Händen. Dieses Buch wurde im Januar 2016 mit dem Daisy Book Award ausgezeichnet. Der Kärntner Lesekreis "Lesefuchs" vergibt in unregelmäßigen Abständen diese Auszeichnung für gute Kinder- und Jugendliteratur.

Weitere Informationen finden Sie unter: http://brittasbuecher.jimdofree.com/

Bücher der Autorin

Nepomuck und Finn: Mission Umweltschutz, ISBN: 978-3-7519-9747-8
Ostern mit Nepomuck und Finn, ISBN: 978-3-7504-0772-5
Weihnachten mit Nepomuck und Finn, ISBN: 978-3-7448-9014-4
Neue Abenteuer mit Nepomuck und Finn, ISBN: 978-3-7494-5428-0
Pferde erzählen, ISBN: 978-3-9611-1618-8
Zac und der geheime Auftrag, ISBN: 978-3-9611-1668-3
Willkommen zu Hause, Amy, 978-3-9611-1705-5
Die Abenteuer des kleinen Finn - eine spannende Mäusegeschichte für die ganze Familie, ISBN: 978-3-7534-9967-3
Kummers Kindergeschichten, ISBN: 978-3-7386-0100-8
Kummers Kindergeschichten 2, ISBN: 978-3-7392-3824-1
Kleine Mutmachgeschichten, ISBN: 978-3-9030-5644-2
Gedankenkarussell – Eine literarische Reise, ISBN: 978-3-7392-4553-9
Mein Leben mit MS, ISBN: 978-3-9030-5642-8
Mein Leben mit MS 2, ISBN: 978-3-9654-4078-4
Weihnachtsgeschichten … und noch mehr, ISBN: 978-3-7386-4553-8
Gut geschmiert in den Tag: Brittas und Edes Marmeladengenuss, ISBN: 978-3-7481-2597-6
Das Marmeladenbüchlein, ISBN: 978-3-9611-1212-8
Vegetarisches Grillvergnügen – so einfach geht's, ISBN: 978-3-7526-8395-0
Köstlich vegetarisch - Meine Lieblingsgerichte ISBN: 978-3-7519-9382-1
Vegetarisch für die ganze Familie, ISBN: 978-3-7448-9344-2
Kummers Suppentöpfchen, ISBN: 978-3-7386-1124-3
Kummers Ofengerichte, ISBN: 978-3-7431-4125-4
Vegetarische Weltreise, ISBN: 978-3-7528-3915-9
Vegetarischer Genuss - Quer Beet, ISBN: 978-3-7481-6766-2
Vegetarisch für Jedermann [Kindle Edition], ASIN: B079YGP512
Guten Appetit [Kindle Edition], ASIN: B07B8BR3R2
BE VEGGIE [Kindle Edition], ASIN: B07M7C3RJC

Danke

Der größte Dank geht an meine Eltern, weil sie immer für mich der Fels in der Brandung sind und mir helfen, all meine Höhen und Tiefen zu überwinden.

An meine Freunde, die immer da sind, wenn ich mal eine starke Schulter zum Anlehnen, zum Zuhören, zum Trösten, zum Weinen, aber auch zum Lachen, brauche.

An meine Autorenfreunde
Heidi Dahlsen
http://autorin-heidi-dahlsen.jimdofree.com/

Christine Erdiç
http://christineerdic.jimdofree.com/
https://literatur-reisetipps.blogspot.de/

für ihre kreative Unterstützung, unermüdliche Hilfe und dass sie mir immer mit Rat und Tat zur Seite stehen.

Buchstabensüppchen

Im Buchstabensüppchen trifft Literatur auf Genuss.

Interessante Buchtipps und Leseproben machen Spaß auf mehr.

Schmackhafte Rezeptideen laden zum Nachkochen ein.

Viel Vergnügen beim Stöbern.

http://buchstabensueppchen.jimdo.com/

GUTEN APPETIT

Bon Appétit

Vel Bekomme

Enjoy Your Meal

Buen Provecho

Bom Proveito

Buon Appetito

Afiyet Olsun